MARÍA,
CAMINO DE PERFECCIÓN

Santiago Martín

MARÍA,
CAMINO DE PERFECCIÓN

edaf

www.edaf.net
MADRID - MÉXICO - BUENOS AIRES - SANTIAGO
2019

Fotografía de cubierta: Bartolomé Esteban Murillo, *Inmaculada Concepción*. Museo de L'Hermitage

Editorial EDAF, S. L. U.
Jorge Juan, 68. 28009 Madrid
http://www.edaf.net
edaf@edaf.net

Algaba Ediciones, S.A. de C.V.
Calle, 21, Poniente 3323, Colonia Belisario Domínguez
Puebla, 72180, México. Tfno.: 52 22 22 11 13 87
jaime.breton@edaf.com.mx

Edaf del Plata, S. A.
Chile, 2222
1227 - Buenos Aires, Argentina
edaf4@speedy.com.ar

Edaf Chile, S.A.
Coyancura, 2270, oficina 914, Providencia
Santiago - Chile
comercialedafchile@edafchile.cl

Febrero de 2019

Depósito legal: M-3803-2019
ISBN: 978-84-414-3914-6

PRINTED IN SPAIN IMPRESO EN ESPAÑA

Impreso por Cofas

ÍNDICE

INTRODUCCIÓN

Vivimos en una época apasionante, aunque no creo que sus características sean originales. En cierto sentido, lo que la vuelve llamativa, difícil, interesante, ha sido ya experimentado en el pasado, justamente hace dos mil años, cuando Jesús de Nazaret pasó por esta tierra haciendo el bien. Me refiero al concepto que se tiene del *amor*. Probablemente no hay una palabra tan utilizada como esa y, probablemente también, no hay otra que se use con significados tan dispares.

Por ejemplo, se habla de amor cuando se quiere matar a un anciano o a un enfermo mediante la eutanasia. Se habla de amor —y de derecho a elegir— cuando se acaba con la vida de un niño en el seno de su madre. También se le llama amor a los ligues de las noches de discoteca, o a los contactos rápidos y furtivos con las prostitutas en los parques. En nombre de un «amor» por alguien más joven, se rompe un matrimonio y se abandona al marido o a la esposa, a los hijos y a la Iglesia, para irse con otro o con otra. También por amor dicen que hay que permitir que los embriones humanos sean utilizados como material de laboratorio o, incluso, que sean clonados para poder servir después como un depósito de órganos vitales para el original.

Y no solo eso. Algunos tienen la provocadora osadía de hablar de amor mientras ponen bombas o asesinan de un tiro en la nuca a quien no acepta sus ideas. El terrorismo nos ha situado ante el más absurdo de los extremos: la justificación de la violencia y del asesinato, de la extorsión y del secuestro, en nombre de un amor en sí bueno y legítimo, el debido a la patria.

A todo eso, y a muchas cosas más, hoy se le llama amor. Es como si un avispado pescador hubiera comprendido que el concepto tenía la fuerza atractiva del mejor de los gusanos que se pueden clavar al anzuelo para pescar todo tipo de peces. Y ¡ay de quien no acepte cualquiera de esas concepciones del amor! Será catalogado como criminal político, marginado, señalado con el dedo como un intolerante. ¡Ay de ti si te atreves a afirmar que amor es la fidelidad en el matrimonio y que lo otro no es más que burdo egoísmo! ¡Pobre de ti si rechazas la igualdad de las parejas de hecho con las familias y aún más la adopción de niños por homosexuales! Tu imagen y hasta tu futuro habrá terminado si osas decir que no es verdadero amor darle droga al drogadicto, sexo al adolescente o al joven, promiscuidad al adulto o a las mujeres libertad incontrolada para matar a sus hijos no nacidos.

Por eso creo sinceramente que nuestra sociedad se parece mucho a aquella en la que tuvo que vivir Jesucristo hace ahora justamente más de dos mil años. Me imagino que también hablaría de amor el emperador Tiberio, mientras perseguía jovencitos en la isla de Capri. O el emperador Calígula, mientras se acostaba con su hermana. O Nerón, que fue el primero en iluminar los cielos de Roma con la luz que desprendían los cristianos cuando eran quemados vivos. Mientras Nuestro Señor, en su amable Galilea o en la árida y siempre violenta Jerusalén, hablaba de amor y, en nombre de él, evitaba que apedrearan a las adúlteras —aunque no por eso las justificaba—, o ponía como modelo de comportamiento al buen samaritano, mientras tanto en la mayor parte del mundo por amor se entendía justo lo contrario. Como ahora.

Por eso necesitamos urgentemente redefinir el concepto, rescatar la palabra de la manipulación perversa a que ha sido sometida. Nosotros, los cristianos del tercer milenio, tenemos la urgente necesidad de saber en qué consiste amar y cómo aplicar en la práctica ese tipo de amor, que no es el del mundo sino el de Cristo.

El propio Cristo, la noche en que iba a ser entregado, sabiendo probablemente que ciertas cosas ocurrirían, quiso darnos una pista. No dijo: «Os doy un mandamiento, que os améis». Si así hubiera sido, Él mismo habría contribuido a sembrar la confusión. A esas palabras añadió otras: «como yo os he amado». Y aún siguió diciendo, para terminar de aclarar las cosas: «Nadie tiene más amor que el que da la vida por sus amigos».

Amar, por tanto, para un cristiano es amar como amó Cristo. Ser como Él, debe ser nuestro objetivo, por más que sepamos que nunca conseguiremos alcanzar una meta que tiene como objetivo la imitación de la mismísima divinidad. Amar como Cristo amó, llenar la palabra *amor* de los rasgos de Nuestro Señor, de su ternura, de su generosidad, de su paciencia, de su amabilidad, de su misericordia, de esa capacidad de perdonar que le llevó a defender en la cruz a sus enemigos.

Todo debería quedar claro con esa referencia. «Amar como Cristo», deberíamos decir y con eso ya tendríamos suficiente para aclarar toda duda, para iluminar toda ambigüedad por compleja que fuera.

Y, sin embargo, no siempre eso es suficiente, al menos para algunos. Cristo, como verdadero hombre, nos ofrece un ejemplo a seguir, puesto que no hay problema o sufrimiento que Él no haya conocido, que no haya hecho suyo. Pero, a pesar de eso, su experiencia humana fue limitada, precisamente por ser humana. Esa es la causa por la cual la Iglesia, en su larga y venerable historia, ha dirigido su mirada, buscando un modelo para imitar, un grado más abajo que el que representa Nuestro Señor. Ha fijado su atención en María, la Virgen Madre, y ha encontrado en ella un camino, un ejemplo, un estilo de vida que resultaba atractivo y, hasta cierto punto, más fácil de comprender por tantos corazones sencillos. La Iglesia nunca ha divinizado a la Virgen; nunca, en sus dos mil años de historia, ha pretendido ponerla al nivel de Jesús, ni presentarla como una competidora que pelea con el Hijo de Dios en ocupar un puesto destacado en el corazón de los hombres. Y, sin embargo, es una realidad incontestable que son millones los hombres y mujeres de todas las épocas de la historia que han llegado a Jesús a través de María, que se han acercado a Dios —y a la Iglesia— gracias a ese influjo, a ese atractivo especialísimo que desprende la siempre excelsa Madre de Dios.

Hace años me contaron una bonita historia, quizá real o quizá inventada. Un católico, gran amante de la Virgen, dialogaba un día en la oración con Jesús. Llevaba tiempo preocupado por una idea: si el amor que sentía por María era un competidor con el amor que también sentía por Cristo y si este estaría celoso de que él quisiera tanto a su Madre. Así que se lo preguntó a Jesús. Este le contestó: «No te preocupes por eso. Por mucho que la quieras, nunca la querrás más que yo. No olvides que es mi Madre».

De hecho, si quisiéramos imitar a Jesús, tendríamos, necesariamente, que amar a la Virgen Santísima. Amarla como Cristo la amó. Escucharla como Cristo la escuchó. Venerarla —no adorarla— como su divino Hijo la veneró. Ese amor, además, siempre terminaría en Él, en el Hijo, porque, fijándonos en ella y diciéndole que queremos ser como ella, nos encontraríamos con la misma respuesta que dio a los criados de Caná cuando faltó el vino: «Haced lo que Él os diga». Nadie como una madre para amar a un hijo. Nadie como María, la Madre de Dios, para enseñarnos cómo debemos amar al Hijo de Dios, al Hijo de María. Es imposible, por ello, que el amor a la Virgen nos separe del amor a Dios, del amor a Cristo. Y, del mismo modo, es imposible que alguien que dice amar a Cristo no termine amando a María, pues en el corazón de Jesús encontrará siempre un limpio y puro, fuerte y sincero amor a su Madre.

La imitación de María, el seguirle a ella como modelo de vida cristiana, está justificada por lo tanto no solo por la secular tradición de la Iglesia y por el hecho de que millones de cristianos han alcanzado la santidad poniendo sus pies en las huellas de la Virgen, sino por la más elemental lógica, por el más básico sentido común. Hay que concluir con una afirmación rotunda, que aleje toda duda y que no empañe, ni siquiera por un pretendido espíritu ecuménico, el prestigio de una espiritualidad que tiene a la Virgen como punto de referencia. La imitación de María —debemos decir sin temor alguno— es un auténtico camino cristiano, un difícilmente mejorable camino de perfección. Y lo es porque esa imitación es siempre y a la vez imitación de Jesús, punto absoluto y definitivo de referencia de todo cristiano. María, la primera creyente, la primera discípula, coge todo afecto dirigido a ella y lo pone a los pies de su divino Hijo; y a todo aquel que llama a su puerta buscando un apoyo y un consejo, le coge con su dulce mano de Madre y le acompaña a presencia de Cristo para ir juntos detrás de Él, imitándole a Él.

Será necesario, eso sí, establecer los cauces por los que tendrá que discurrir esa imitación de María a fin de que cumpla sus objetivos —los de conducir al hombre a Cristo, los de llevar al hombre a su perfección incluso humana— y no termine por distorsionarlos. Quizá no toda espiritualidad que se diga mariana lo sea verdaderamente. Por eso es preciso escuchar a la Iglesia que, con la sabiduría que le viene del Espíritu Santo, discierne ante cada carisma, ante cada camino espiritual, para descubrir en él la huella de Dios o la ausencia de Espíritu.

Me propongo en este libro ofrecer unas pautas para vivir una espiritualidad mariana, una espiritualidad de la imitación de María dentro del marco anteriormente expuesto. Una imitación que nos conduzca a Jesús. Un seguimiento de la Madre que nos lleve siempre a amar más, a conocer mejor al Hijo. Cristo es el punto final, el término del viaje. Ella, la dulce Madre, es la compañera de camino, la que nos enseña, como nadie puede hacerlo, a recorrer el sendero que conduce a su Hijo, a Dios.

Este libro recoge, por otro lado, algunos de los puntos fundamentales de la espiritualidad de los Franciscanos de María —expuestos por mí en un ciclo de conferencias, en uno de los congresos que estos han realizado— y a los miembros de este movimiento de espiritualidad va dirigido en primer lugar. Pero, naturalmente, se ofrece a cualquier lector, con la seguridad de que lo que en él se explica es válido para todos, al menos para todos aquellos que sienten vibrar su corazón cuando oyen hablar de la Virgen y que la miran no solo como paño de lágrimas y consuelo de afligidos, sino también como un modelo seguro, una referencia certera para recorrer los intrincados laberintos de la vida sin equivocarse. Pido al lector que disculpe el tipo de lenguaje que encontrará, adecuado para una conferencia más que para un texto escrito, pero que, por otro lado, tiene todo el sabor de la viveza y el coloquio con que un grupo de amigos dialogan sobre Cristo, sobre la Virgen, sobre el amor, sobre su fe.

CAPÍTULO I

LA FE EN LA ESPIRITUALIDAD DE MARÍA

Para tomarnos en serio la imitación de María como modelo de comportamiento cristiano, como modelo de amor a Cristo, hay que empezar por conocer cuál fue su espiritualidad. Es decir, cuáles fueron las claves espirituales que le hicieron comportarse como lo hizo, tanto en las situaciones delicadas y difíciles como en las rutinarias y habituales.

Tenemos que saber cómo vivió la Virgen y qué hizo ella para hacer nosotros lo mismo. No se trata de conocer lo que hizo nuestra Madre por una mera curiosidad intelectual, sino para saber qué tengo que hacer yo. Si yo sé qué hizo la Virgen y no lo aplico, no la imito, no me sirve de nada. El objetivo es conocer para, después, practicar.

Lo primero que destaca en la Virgen María es su fe. Por tanto, lo primero que tenemos que imitar de la espiritualidad de la Virgen María es la fe. Y lo más originario de la fe de María es la certeza de que Dios existe y de que ese Dios es el Señor del Universo, el Todopoderoso. Otros conceptos, como el del amor de Dios, serán añadidos a este precisamente a través de las enseñanzas de su Hijo, que se convierte en Maestro de su propia Madre. Pero antes de que naciese Jesús, antes de que fuera concebido, María era ya una mujer creyente, estaba llena de fe del mismo modo que estaba llena de gracia. Tenía la fe de su pueblo, la fe judía, la fe que se recoge en el Antiguo Testamento y que había sido cuidadosamente sembrada allí por el Espíritu Santo a lo largo de muchas generaciones.

A pesar de la gran ignorancia que tenemos sobre la biografía de la Virgen, podemos saber algunas cosas, como, por ejemplo, que María era una muchacha judía. María era una joven judía, de una familia creyente judía, esto es, una muchacha creyente en el judaísmo, que era la religión revelada, la religión verdadera. Por lo tanto, podemos suponer sin demasiada elucubración que Ella tenía la fe de cualquier persona judía.

La fe de la Virgen María y del pueblo judío antes de aquel 25 de marzo en que tuvo lugar la Encarnación, resumiéndolo muy brevemente, era la fe en un Dios Todopoderoso, en un Dios Creador, en un Dios que cuida de su pueblo y que interviene en la vida de su pueblo, pero también en un Dios justo —no justiciero— que sabe dar a cada uno lo que merece y que reserva un premio para los que han hecho el bien y un castigo para los que han hecho el mal. Esta es la fe del pueblo judío, esta es la fe revelada por Dios durante muchos siglos y que nosotros corremos el riesgo de estar olvidando en estos últimos años.

En el momento en el que iba a nacer Jesús, la tarde inmediatamente anterior a que se produjera la aparición del ángel en la casa de la Virgen, esa muchacha que aún no sabía que iba a ser la Madre del Mesías, esa muchacha que vivía en una aldea judía llamada Nazaret, tenía esta fe, que fue el fundamento de lo que iba a venir más tarde y sin la cual no habría podido ocurrir nada de lo que ocurrió. El Señor tardó casi dos mil años, desde Abraham, en preparar la fe en el concepto de Dios en el que creía la Virgen, para poder llegar a lo que nosotros los cristianos llamamos la «plenitud de la Revelación», la cual tuvo lugar a través de Jesucristo y en Jesucristo. Sin estos fundamentos, no se hubiera podido dar el siguiente paso, el representado y aportado por Cristo. Pues bien, esta fe primitiva —en el sentido de originaria, de básica, de imprescindible—, esta fe del Antiguo Testamento de la que no podemos prescindir, es la fe que poseía la Virgen María ya antes de que tuviera lugar la aparición del ángel Gabriel y la Encarnación del Señor. La imitación de María nos lleva, pues, a valorar todas las enseñanzas del Antiguo Testamento, a no prescindir de ellas, a no considerar —como hoy hacen muchos— que todo empieza con Jesucristo.

Como he dicho ya, los conceptos fundamentales de la fe del pueblo judío, de la fe de la Virgen, son: Dios es el Señor, el Todopoderoso; Dios es el Creador, todo lo que vemos procede de Él; Dios interviene en la historia, en la gran historia de los pueblos y en tu pequeña historia personal, en tu vida; Dios es justo y da a cada uno según su conducta, sin que eso signifique que ignora lo que es la misericordia. Esta es la fe de María. Esto es lo primero que deberemos imitar de ella.

Si Dios es el Señor, significa que yo soy el siervo. Hay que trabajar esta idea, porque, además, hoy no lo dice prácticamente nadie, y al no decirlo, lo olvidamos: nosotros no somos iguales a Dios. Dios es Nuestro Señor. Si podemos tutear a Dios es porque Él nos lo ha permitido, debido a que, en realidad, nosotros somos inferiores a Dios. Dios es Nuestro Señor, nosotros somos los siervos de Dios. Una expresión típica, propia de la fe judía, que considera a Dios como el Señor, dice: «Yo soy el siervo de Dios» y así vemos al profeta Samuel decirle a Yahvé: «Manda, Señor, que tu siervo escucha».

Es, por tanto, necesario que tengamos esta actitud de que el Señor está por encima de nosotros.

El Señor es más grande y más importante que nosotros. En nuestra época, como consideramos que Dios es un igual, nos falta completamente el sentido de la obediencia, y nos falta a todos los niveles: en la familia, en la Iglesia, en la misma sociedad. Nos falta el sentido de respeto a la autoridad, incluso al maestro; todo el mundo sabe de todo, es más listo que nadie y da lecciones a todos los demás; nadie quiere, en cambio, aprender. Este sentido de la autoridad y de la obediencia falta porque nos falta la raíz, que es sentir al Señor como a alguien que está por encima de nosotros. Una consecuencia de todo esto es asumir de manera natural que yo tengo unos deberes para con Dios, que tengo unas obligaciones que cumplir para con Dios.

Así pues, el primer elemento de la fe de la Virgen María, que tiene que ser el primer elemento de nuestra fe y, en general, de la del cristiano, es experimentar el señorío de Dios: Dios es mi Señor, yo soy un siervo ante el Señor. Conviene dejar claro que se es siervo solo ante el Señor, no ante los hombres, al menos en el mismo sentido que se es ante Dios. Ser siervo ante Dios no es lo mismo que ser siervo ante los hombres. Ante estos soy un igual y tengo que reclamar mis derechos; pero ante Dios yo me siento, me experimento, como un siervo: Dios es mi Señor. Cuando este sentido del «señorío» de Dios falta, su lugar es ocupado inmediatamente por la idea de que Dios es un igual que no tiene nada que enseñarnos y que tiene que convencernos de todo para que lo aceptemos; sin embargo, esta «igualdad» de Dios con el hombre dura poco y es sustituida muy pronto por la idea de que Dios es un «inferior» que está a nuestro servicio, una especie de «genio de la lámpara de Aladino», que mandamos salir de su prisión para que, nos sirva y que, si no nos satisface plenamente, volvemos a encerrar olvidándonos de él. Dios es el Señor, mi Señor; no es mi igual ni mi criado. Y porque es mi Señor yo tengo deberes y obligaciones que cumplir para con él.

Es necesario trabajar espiritualmente con el concepto de obligación y con el concepto de deber. Hay que recuperarlo porque casi nadie lo defiende y casi nadie se atreve a decir: tenemos deberes para con Dios. Si estos deberes se asumen de forma natural, aprenderemos a tener deberes para con nuestra sociedad, deberes para con nuestros amigos, deberes para con nuestra empresa, deberes para con nuestra familia. Si, en cambio, los deberes para con Dios no están presentes en nuestra vida, todos los demás deberes, más o menos pronto, terminarán por caer. Si no está garantizado el deber para con Dios, que nos ha creado y que ha dado la vida por nosotros en la Cruz, no existe un fundamento del deber para con el hombre, al cual en las más de las ocasiones no le debemos nada; existe, como mucho, el miedo a la represión, a la justicia, a la policía...; existe el miedo, pero no el fundamento interior profundamente arraigado de que yo tenga la obligación de respetar los derechos de los demás, aunque me cueste o no me convenga respetarlos. Si Dios está en su puesto, el primer puesto, Él garantiza el puesto que tienen derecho a ocupar los demás en nuestra vida. Cuando Él es derribado de su trono, el primero que sale perjudicado es el prójimo más débil, que, al perderlo a Él, ha perdido a su mejor valedor, a veces —como en el caso del aborto— a su único valedor.

En la vida tenemos deberes, aunque, por supuesto, también tenemos derechos. Todo esto es básico para un buen ordenamiento social, para una convivencia lógica. Y todo esto arranca de aquí: un sentimiento de deberes para con Dios que procede de la fe en que Dios es el Señor y yo soy el siervo del Señor.

El segundo punto de la fe de la Virgen es que Dios es el Creador. Dios es el que ha hecho todo esto, todo lo que existe, incluido yo mismo.

El concepto de Creación tiene profundas consecuencias espirituales y también sociales. Si Dios es Creador, significa que yo soy una criatura.

Criatura es una palabra preciosa, en nuestra lengua esta palabra tiene un matiz de ternura; soy una criatura, soy alguien pequeño llevado en brazos por alguien más grande; al bebé que va en brazos de su madre, en castellano se le llama «criatura», una cosa pequeñita que necesita ser cuidada. Nosotros somos criaturas del Señor. Es algo muy hermoso, pues esa palabra dice que el Señor nos cuida y también que nosotros tenemos que sentirnos menos que aquel que es Nuestro Creador, que es quien nos ha hecho. Y de esa Creación proceden, precisamente, los derechos que Dios tiene sobre nosotros.

Hoy el concepto de Creación tiene, además, otras consecuencias. Por ejemplo: para la Iglesia y para nosotros significa que no podemos alterar las leyes del Dios Creador, que no podemos hacer de aprendices de brujo jugando con las leyes de la Naturaleza, porque puede ser enormemente peligroso; cuando la Iglesia habla del peligro que puede tener la energía atómica no habla de un problema, digamos, de orden abstracto, sino que está diciendo que, en función de las leyes de la Naturaleza, puede acarrear unos peligros, como después se ha visto, y que lo mismo que puede tener consecuencias positivas, las puede tener también espantosas; cuando la Iglesia nos pide precaución en la manipulación genética, lo dice por un sentido espiritual, y es que Dios ha puesto unas leyes en la Naturaleza que no se pueden alterar (son muchos los científicos que actualmente también levantan una voz de alarma diciendo que esa manipulación genética puede tener unas consecuencias tan terribles como la energía atómica). Hay que tener mucho cuidado a la hora de manipular las leyes establecidas por este Dios Creador.

Estas consecuencias, evidentemente, hace dos mil años, la Virgen no las tenía presentes. Pero, por esa concepción judía de que Dios es el Creador, que viene reflejada en el libro del Génesis, Ella sí se sentía criatura de Dios, se sentía en manos de Dios.

Vemos, pues, que estos dos primeros puntos de la fe de la Virgen, de la fe del pueblo judío tal y como había sido revelada por Dios en el Antiguo Testamento, coinciden en dar al creyente una doble sensación: la de que está en manos de alguien que es más grande y poderoso que él y la de que, precisamente por eso, debe fiarse de ese Alguien a quien llama Señor y al que pone por encima de cualquier otra criatura. El Señorío de Dios no produce en el hombre miedo —al menos necesariamente, aunque después se haya desvirtuado y a lo largo de la historia haya dado lugar a ese sentimiento—, sino que produce respeto.

El Señorío de Dios produce también en el hombre confianza; el creyente en el Dios Todopoderoso se siente en buenas manos y por eso está tranquilo.

Y esta sensación, esta certeza, quedaba reforzada por otro elemento fundamental de la fe de un judío: el hecho de que Dios interviene en la historia, en tu historia personal y en la historia de tu pueblo. Que Dios interviene en la historia significa que, por ejemplo, las oraciones son importantes y son útiles; significa que Dios me escucha y que puede intervenir en mi vida; Dios puede hacer milagros, y eso para un judío, al menos en la época de Cristo, era algo completamente natural. De hecho, todavía hoy, cuando llega la Pascua, el pequeño de la casa recita, de una forma institucionalizada, toda la historia de la intervención del ángel, cuando hiere de muerte a los primogénitos de los egipcios y saca a los judíos de Egipto. Ellos son conscientes de que Dios interviene en la historia para salvar a su pueblo. En el libro del Génesis, cuando se cuenta esa intervención, el Señor dice a Moisés: «Los gritos de mi pueblo han llegado a mis oídos». Es decir, Dios no es insensible a nuestro sufrimiento.

Naturalmente, todo esto tiene que compaginarse con otro elemento: el misterio. Porque si Dios no es insensible a nuestro sufrimiento, ¿por qué sufro?; si Dios interviene en la historia, ¿por qué a veces no interviene?; si Dios escucha la oraciones, ¿por qué a veces no las escucha?; si Dios es capaz de obrar milagros, y a veces los ha obrado en mi vida y en la de los demás, ¿por qué otras veces no los ha obrado? Ese elemento del misterio para un judío no representaba ningún problema porque era una consecuencia de lo anterior: si acepto que Dios es el Señor y es mi Creador, estoy aceptando el misterio, estoy aceptando que no puedo entender del todo a Dios; si digo que Dios interviene en la historia sin haber dicho antes que es el Señor y el Creador, entonces ese último punto sí es causa de problemas. Por ejemplo, un padre que acaba de ver morir a su niño podría preguntar: «Si Dios hace milagros, ¿por qué no ha curado a mi hijo». O un obrero en paro diría: «¿Por qué no ha hecho que me toque la lotería para solucionar mis problemas económicos?». La gente que vive en determinadas naciones sería lógico que preguntara: «¿Por qué está permitiendo la guerra en este país?». O también, «¿por qué permite esa carnicería, esa hambre, ese terremoto... ?» En definitiva, si Dios interviene en la historia, ¿por qué hay tanto dolor y tanto sufrimiento? Es una pregunta a la que no podemos dar una respuesta satisfactoria, por lo menos de forma contundente. Ese porqué, cuando te toca de cerca, es muy angustioso. Cuanto más cerca está el dolor, más te duele, aunque, a lo mejor, tu sufrimiento es objetivamente pequeño comparado con el del otro, que es mucho más grande.

El problema que representa la coexistencia del mal y del dolor en el mundo con la fe en un Dios Todopoderoso que interviene en la historia del hombre para ayudar al hombre, queda resuelto con el concepto de misterio. Un concepto que nos lleva a decir: «Yo no entiendo, pero no entender no me hace entrar en crisis, porque no entenderlo todo con respecto a Dios es lo normal». «No entiendo, Señor —le decimos a Dios los creyentes—, no entiendo por qué tú me has abandonado, como tampoco lo entendió tu Hijo cuando moría en la Cruz. Pero, como Él, como María, creo en tu amor, creo en ti».

El cuarto elemento de la fe judía era el concepto de justicia de Dios. Durante muchos años, esta justicia divina no fue fácil de aceptar, puesto que no todos los judíos creían en la existencia de la vida eterna. La justicia de Dios se debía manifestar, por lo tanto, en esta tierra. Esta intervención justa de Dios se resumía con la frase: «Dios premia a los buenos y castiga a los malos». Sin embargo, la realidad demostraba que al menos en algunas ocasiones los malos vivían muy bien toda su vida mientras los buenos morían pasándolo mal. Un libro del Antiguo Testamento que recoge la crisis de fe que estas contradicciones provocaban es el de Job.

Sin embargo, en la época en que vivió la Virgen María —y por lo tanto en la época en que nació Jesús— eran ya muchos los judíos que creían en la vida eterna. Al menos desde la revolución de los Macabeos, unos ciento cincuenta años antes, se había ido abriendo camino la idea de que si Dios era justo, cosa de la cual un judío no podía dudar, debía haber una vida más allá de la muerte para que allí Dios terminara de hacer la justicia que, por causas misteriosas, no había llevado a cabo en la tierra. Dios siempre premia a los buenos y castiga a los malos, solo que a veces lo hace aquí y otras en el más allá. Esta era la fe de la Virgen en aquel 25 de marzo, horas antes de recibir la visita del ángel Gabriel para anunciarle la encarnación del Señor.

Si nosotros no tenemos bien asentados estos cuatro elementos de fe: Dios es el Señor y tiene derechos sobre mí y yo deberes para con Él; Dios es el Creador, yo soy su criatura y por lo tanto, por un lado, estoy en las mejores manos y, por otro, no puedo entender del todo los planes de Dios; Dios interviene en mi vida y en la vida del pueblo para aliviar el sufrimiento de los hombres; Dios es justo y cumple siempre sus promesas de premiar el bien y castigar el mal, en esta vida o en la vida eterna. Sin estos cuatro aspectos fundamentales de la fe de la Virgen María, el edificio de nuestra relación con Dios no se puede construir adecuadamente, se caerá, y quizá estrepitosamente. Posiblemente durante años todo parezca que vaya bien, que somos buenos católicos y hasta católicos muy practicantes; pero en un momento dado, ante la aparición de alguna desgracia, la crisis nos rondará y la tentación empezará a sugerirnos que no existe nada, que todo es fruto de nuestra imaginación, que estamos solos ante nuestro destino, que Dios en caso de existir no tiene tiempo para preocuparse de nosotros. Y entonces vendrán los abandonos, el alejamiento de Dios y de la Iglesia. El edificio de nuestra relación con Dios —como profetizó Jesús— no estaba construido sobre una buena roca sino sobre arenas movedizas y al estallar la tormenta se habrá derrumbado.

Hay personas muy religiosas que cuando llega un duro golpe a su vida se desmoronan y sufren depresión, crisis de fe, alejamiento.

Entonces se les oye decir: «¡Dios no existe!», «¡Dios me ha traicionado!», «¡Dios me ha abandonado!», «¡Dios me ha engañado!», «¡Cómo es posible, con lo que he rezado, que no me escuche!».

Lo que sucede es que la fe no estaba bien asentada, no tenían una fe verdadera, tenían una fe cogida con alfileres, aunque tuviera una buena apariencia. Hay que tener una fe ordenada, una fe que parta de la creencia en la existencia de Dios, en el señorío de Dios, en la Creación de lo que existe por parte de Dios, con todas las consecuencias éticas que tiene también en nuestra época; una fe en que ese Dios Señor y Creador es un Dios que interviene en la historia, y que a veces, muchas veces, lo veo y lo toco; por otro lado, cada uno de nosotros, cuanto mayores vamos siendo, más conscientes somos de que esto es así. Seguro que podemos mencionar muchas ocasiones en las que hemos visto la mano de Dios protectora de nuestra vida, a veces de manera realmente extraordinaria, aunque después sea difícil testificarlo como un milagro. Pero, en otras ocasiones, no ha sido así; el mismo Dios que nos ha atendido, cinco minutos después parece no escuchar nuestras oraciones; también es cierto que, pasado el tiempo, te das cuenta de que fue mejor así, pero, en ese momento, tú no entendías y te llenabas de duda. Quizá, cuando estemos en el Cielo y veamos la historia, nuestra historia o la historia de los nuestros, podamos decir: «¡Qué razón tuvo Dios al comportarse como lo hizo, porque, si no hubiera hecho esto, aunque yo no lo entendí y sufrí, habría sido peor, peor incluso para esta persona; quién sabe qué sufrimientos le hubieran esperado en la vida; gracias a que Dios se la llevó, se evitó que ocurriera algo peor!».

Hay que trabajar para llegar a tener este tipo de fe. Si practicamos esta parte de la espiritualidad de la Virgen, muchísimos de nuestros problemas habrán desaparecido; tendríamos, os lo aseguro, una gran salud (y hablo de salud física y psíquica). Una persona que tiene fe en Dios es una persona sana, porque sigue el consejo de aquel poema de Santa Teresa: «Nada te turbe, nada te espante». Escucharíamos en nuestro interior una frase suscitada por el Espíritu Santo: «Quédate tranquilo, Dios existe y cuida de ti».

Sin embargo, nosotros creemos poco en esto y por eso nos ponemos en seguida nerviosos. Queremos tenerlo siempre todo controlado y que Dios sea no nuestro Señor, sino nuestro criado y, rápidamente, cuando no nos da lo que le pedimos, empezamos a dudar y a pensar que nos ha abandonado, que no existe, que es un traidor, etc.

Ten fe en que Dios existe, en que, aunque no entiendas los pasos de tu vida, Dios está detrás dándote el cuidado que necesitas. Ten fe en que, aunque te parezca que llega demasiado tarde, eso es lo mejor para ti.

Debemos tener esta fe, entre otras cosas, porque no sirve de nada no tenerla. ¿De qué te sirve estar nervioso, angustiado...?, ¿de qué te sirve levantarte todos los días maldiciendo tu suerte? De nada. Naturalmente, una fe en la existencia de un Dios Amor no es una fe en la pasividad, es una fe en la actividad, pero es una fe que te da paz interior, y, por lo tanto, te da salud. Estoy seguro de que así muchos de nuestros problemas serían distintos. Estropeamos muchas cosas precisamente porque estamos nerviosos, porque hemos perdido la fe, la certeza de que no estamos solos, y empezamos a creer que todo depende de nosotros, que tenemos que llegar a todos los sitios, que tenemos que tapar todos los agujeros, que tenemos que dejarles los problemas económicos resueltos a nuestros hijos, intentamos que no sufran por asuntos de trabajo, por problemas de salud..., al final, estamos inquietos y nerviosos por todas estas cosas, cuando, en realidad, aunque pudiéramos hacerlas, tendríamos que hacerlas con paz interior.

La primera lección, por lo tanto, de la espiritualidad de la Virgen María se podría resumir en la siguiente frase: estate tranquilo, criatura de Dios, estate tranquilo. Aquella actitud de San Francisco de Asís que recoge el consejo evangélico que invita a la confianza: «Contemplad los lirios del campo, cómo crecen; no se fatigan ni hilan, y yo os digo que ni Salomón en toda su gloria pudo vestirse como uno de ellos» (Mt 6, 28-29). Estate tranquilo, recupera la paz, ten paz, ten confianza, Dios existe y cuida de ti, está presente en tu vida; tienes que moverte, trabajar, luchar..., pero con paz interior. Las cosas no dependen solo de ti; dependen también de ti, pero, sobre todo, de Dios. Tienes que creer que Dios es un Señor, un Caballero que te quiere y te cuida, aunque esto solo pueda ser creído aceptando el concepto de misterio. Es decir, precisamente porque Dios es Señor, forzosamente no puedes entender sus planes.

Con esto, naturalmente, no está dicho todo lo que se puede decir acerca de la fe de la Virgen. Si así fuera, Nuestra Madre no tendrá otra fe más que la de una buena creyente judía. Eso era ella antes de la Encarnación del Señor. Después pasó a completar esa fe con las enseñanzas de su Hijo. Dejó de ser judía para hacerse cristiana.

Hasta aquí hemos visto la fe de una muchacha judía. He resumido, por tanto, en unas líneas dos mil años de historia del Antiguo Testamento. Pero, ¿cuál es la fe de la muchacha judía creyente en Jesucristo? La fe de María, creyente cristiana, que es también creyente judía pero con la plenitud de la Revelación traída por Jesucristo, tiene, además de todo lo anterior —no en contra—, otros ingredientes, que se pueden resumir en la fe en que Dios es Amor. El mismo Dios que es Señor, que es Creador, que interviene en tu historia, que es Justo, es también Amor. Su amor tiene el matiz de la paternidad, lo cual le convierte en un amor especialmente grande y fuerte. Todo esto no lo cree la Virgen porque sí, sino porque tiene la prueba de ello. Esa prueba incontestable e indudable del amor de Dios reside en el hecho de que ha enviado a su Hijo al mundo, ha hecho que su Hijo se hiciera hombre, muriera en la Cruz y resucitara. La fe en el amor de Dios, por lo tanto, se pone de manifiesto a través de Jesucristo.

Yo, cuando tengo dudas de fe, cuando, en algún momento, mi vida se ve zarandeada por cosas que no entiendo, le pregunto a Dios el porqué, y el Señor y la Virgen me dicen: «Mira la Cruz, ¿puedes tener dudas del amor de Dios hacia ti y hacia la Humanidad mirando la Cruz?». Y Cristo en la Cruz me dice: «¿Qué más puedo hacer? Tú querrías que hiciera un milagro, pero, ¿es que este no es el gran milagro? Tú querrías que te resolviera este problema, pero, ¿es que esta no es la solución de todos los problemas?».

La demostración insuperable de que Dios se preocupa por nosotros es la Encarnación y Muerte de Jesucristo en la Cruz y su Resurrección. Si esto no nos basta para estar absolutamente seguros del interés de Dios por su pueblo y por cada uno de nosotros, no puede haber nada más. Si te cura una enfermedad y tú te quedas tranquilo y seguro de que Dios te quiere, mañana tendrás otra enfermedad; si te soluciona este problema, mañana tendrás otro problema; si consigues ahora un trabajo, un premio..., mañana tendrás una necesidad distinta, que puede que no sea de dinero pero sí, por ejemplo, de salud, de afecto... Pero la Muerte de Cristo en la Cruz y su Resurrección es la solución de todos los problemas, entre otras cosas, porque sabes que hay otra vida, y, al saberlo, también sabes que los problemas de aquí no son más que problemas transitorios, y que incluso la muerte, que es el gran problema, no es más que un tránsito; incluso la muerte de las personas que amas, que, naturalmente, es una de las desgracias más dolorosas que pueden ocurrir, sobre todo la muerte de un hijo, no es más que un tránsito y nos vamos a reunir con ellas. Esta es nuestra fe y es la fe de la Virgen María. Una fe que completa la anterior y que, aún más que aquella, nos debe llenar de paz, de tranquilidad espiritual, de esperanza.

Esa muchacha judía que cree que su Hijo es el Hijo de Dios, cree que Dios es Amor; ya creía antes que ese Dios era Señor y, por tanto, sabía que tenía obligaciones para con Él; creía que era el Creador, por lo cual se sentía criatura en sus manos y aceptaba no entenderlo todo: creía en la intervención de Dios en su vida y, por esa intervención, creía en un cierto tipo de amor de Dios; creía en la Justicia de Dios y eso le daba la paz de saber que había una vida más allá de la muerte donde serían recompensados sus esfuerzos y fidelidades. Pero ahora, a partir de la fe que le aporta su Hijo, cree mucho más profundamente en que Dios es Amor. ¿Qué tipo de amor? Un amor extraordinario, un amor imposible de superar, un amor que excluye toda duda.

No puedo pedirle a Dios una prueba mayor de amor que la que ha dado enviando a su Hijo y haciendo que muriera en la Cruz para salvarnos. Así pues, un amor tan extraordinario tendría que eliminar toda duda de nuestra vida. Si tuviéramos esta fe, no tendríamos, realmente, ningún otro problema espiritual, porque el resto de las cosas serían una consecuencia de esto. Por eso es muy importante construir la casa desde los cimientos, y los cimientos son la fe en el amor de Dios. Pase lo que pase, nada te turbe, nada te espante, Dios existe y Dios te quiere, y, si tienes dudas del amor de Dios, mira la Cruz; entonces, te desaparecerán las dudas. ¿Qué más puede hacer Dios por ti que enviar a su Hijo a la muerte de la Cruz?, ¿qué más puede hacer para conquistar tu corazón y convencerte de que te quiere muchísimo?

Ahora bien, si esta es la consecuencia primera de este tipo de fe que encontramos en la Virgen —la fe del Antiguo Testamento enriquecida con la fe en el amor paternal de Dios—, hay una segunda consecuencia que va unida a la anterior.

El amor de Dios es un amor que ninguno merece, ni siquiera el más bueno de nosotros. Es un amor gratuito. Debemos tener esto en cuenta, especialmente las personas buenas, pues tienen la tentación de creer que están en paz con Dios, que no le deben nada, que no tienen ninguna deuda con Dios, porque ya la han pagado con, por ejemplo, la misa del domingo, dando una limosna, haciendo una obra social, etc. En realidad, las personas buenas de verdad saben que la deuda con Dios es impagable, porque ha dado a su Hijo por nosotros, ha muerto por nosotros y nos ha dado la vida eterna. Y esta es una deuda impagable. Lo que sí se puede hacer es intentar pagarla, pero sabemos que es imposible conseguirlo del todo.

El amor de Dios es gratuito. El Cielo es un regalo de Dios, la Salvación es un regalo de Dios; la Salvación es gratuita, gracia de Dios. Nosotros colaboramos en esa Salvación con nuestras buenas obras y sin ellas, obviamente, no podemos acceder a la Salvación; pero no son nuestras buenas obras las que nos salvan, sino la sangre derramada de Cristo, el amor redentor de Cristo.

Además de no merecerlo, el amor de Dios por el hombre es un amor que permanece, que no desaparece porque el hombre se comporte mal. La parábola del hijo pródigo nos enseña que el padre seguía queriendo al hijo extraviado y que, porque le amaba, oteaba el camino todos los días a ver si lo veía volver a casa. Esto tiene que darnos una gran paz, pues significa que el amor de Dios no está relacionado con nosotros ni con nuestros méritos. Por ejemplo: si no fuera un amor que permanece, sería un amor con límite, el límite de la respuesta del hombre al amor de Dios. Sería como si ocurriera algo así: «Dios empieza amándote, ¿te portas bien?, Dios te sigue queriendo; ¿no te portas bien?, Dios se cansa de ti». Pero no es así como ocurren las cosas. Dios es siempre fiel. Dios empieza queriéndote, ¿no te mereces que Él te quiera porque te portas mal? Él te sigue queriendo de igual modo. Y gracias a ese amor que permanece, nosotros podemos cambiar; sabemos que en cualquier momento podemos decir: «Padre, perdóname». Sabemos que siempre podemos volver a la casa del Padre. No nos vamos a encontrar con un Dios airado que dice: «Sinvergüenza, toda la vida por ahí, ahora vienes, cuando ya eres mayor, cuando ya tienes miedo a la muerte, cuando has dilapidado tu fortuna, cuando ya no tienes amigos de juergas, cuando no tienes dinero ni salud, cuando te queda media hora de vida...». No es ese el Dios en el que creemos, no es ese el Dios de María, sino en el que dice: «¿Vienes con dieciocho años? Bien, tenemos mucho tiempo por delante», «¿Vienes cuando tienes noventa años y te queda un minuto de vida? Bienvenido a casa. Mataré igualmente un ternero cebado por ti. Eres, efectivamente, un sinvergüenza, no te lo mereces, pero tampoco se lo merece el otro. Te voy a acoger igual». Ese Padre que acoge siempre es el Dios amor en el que creía la Virgen, discípula de Cristo. Y esta fe es enormemente confortadora. Esta es nuestra fe.

Es verdad que alguno puede decir que, entonces, volverá a la fe en el último minuto, pero corre el riesgo de no tener ese último minuto porque se le presente por sorpresa el momento final. Además, los que estamos, con la ayuda de Dios, dentro de su casa sabemos que es una suerte estar en ella y no sentimos envidia de los que están fuera. La fortuna no es estar fuera de la casa haciendo el sinvergüenza y volver en el último minuto, sino no marcharse de la casa del Padre, porque es con Él como se está bien. Si no estás bien con el Padre, ¿por qué vuelves?, si estás mejor fuera de la casa, no vuelvas. Se trata de volver, porque es estando con el Padre como se está bien; aunque, lógicamente, estar dentro de la casa implica un precio que hay pagar; pero estar fuera también implica pagar un precio, es más, quienes están fuera de la casa pagan un precio elevadísimo: el pecado, la falta de felicidad. La adoración a Satanás tiene un precio mucho más alto que la adoración al Dios verdadero.

Por último, el amor de Dios es un amor que nos sostiene en la lucha. Cuando estamos empeñados en la lucha, por ejemplo, por hacer el bien, o en la lucha por cambiar, nos damos cuenta de que el amor de Dios nos sostiene y nos levanta cuando hemos caído, nos da continuamente fuerza para luchar. Esto es, quizá, lo más bonito de Dios y lo experimentamos en todo momento. Por ejemplo, al comulgar, experimentas una fuerza nueva cada día; al confesarte, experimentas que realmente hay un lavado profundo interior y que hay una gracia de Dios que te ha hecho inocente de nuevo; cuando haces un poco de oración, cuando alimentas tu alma, experimentas una fuerza diferente, es como si hubieras tomado un rico plato, lleno de vitaminas. Dios te sostiene en la lucha: este es el efecto del amor de Dios, no un amor que simplemente te pone en marcha como si diera cuerda a un muñeco y dejara al muñeco que anduviera con su cuerda, sino que es un amor que cuida permanentemente de ti, si te dejas cuidar con los Sacramentos.

Si de la primera parte de la fe de María, la que se inspira en el Antiguo Testamento, teníamos que aprender esa actitud de confianza en Dios y de respeto a Él, de la segunda tenemos que aprender la actitud de agradecimiento a Dios, agradecimiento a un Dios que me quiere de una manera tan extraordinaria. Estas tres actitudes marcan la fe de la Virgen María y tienen que marcar nuestra vida: confianza, respeto y agradecimiento. Si no existen estas tres actitudes, no podemos construir una espiritualidad sólida que resista las pruebas inevitables de la vida.

Hay que tener esto en el corazón: confianza. Ten confianza en Dios, en que existe, en que te quiere. Ten respeto, para no tomarle el pelo, para no abusar de su bondad, para no volver contra Él su amor por ti, como si le estuvieses tentando para que dejara de quererte y empezara a castigarte. Y ten gratitud, ten agradecimiento a ese Dios que te quiere tantísimo. Por tanto, no escatimes, no estés siempre midiendo para dar lo menos posible, sino, al contrario, procura dar lo más posible. Ten gratitud en tu corazón. Una persona que tiene este tipo de fe procura darle a Dios lo más posible; en cambio, una persona que siempre está preguntando cuál es el mínimo, una persona que pregunta si se puede salvar yendo a Misa en lugar de todos los domingos una vez al mes, esa persona no tiene agradecimiento. A la persona que sabe agradecer le gustaría poder ir más a Misa, dar más limosna, estar más tiempo con alguien que sufre... Esa es la consecuencia del agradecimiento. Una persona agradecida busca dar lo más que puede; una persona que no agradece, que comercia y que le regatea siempre a Dios dice: «Si puedo darle menos, menos le daré, porque en realidad él no me importa nada, lo que me importa es salvarme. Yo no le amo, me amo a mí mismo».

En resumen, la fe de la Virgen María, la fe que tenemos que tener y que depende de cada uno tenerla o no tenerla, tiene los siguientes componentes: Dios existe, Dios cuida de mí, Dios es mi Creador, yo tengo obligaciones para con Dios, Dios es justo y existe la vida eterna, no puede haber amor mayor que el que ya recibí cuando Dios envió a su Hijo al mundo y lo entregó por mí. Y esto tendría que ser suficiente para borrar nuestras dudas de fe, las dudas de que Dios interviene en nuestra historia y de que se preocupa por nosotros. Cuando tengas esas dudas, mira una cruz. Es una ofensa y un insulto espantoso hacia Dios preguntarle dónde está. En algún momento de mucha zozobra, y es comprensible (también Cristo lo hace en la Cruz), podemos preguntarle: «Señor, ¿por qué me has abandonado?». Pero, inmediatamente, tiene que brotar en nosotros la respuesta: «Señor, creo en ti, creo en tu amor». Miro el crucifijo, lo veo crucificado y digo: «Es imposible, Señor, un amor más grande que este». Este amor es gratuito e inmerecido, por eso tengo que tener siempre la actitud de que no soy un igual, sino de que tengo que devolver, y nunca termino de devolver porque es más lo que que puedo dar. Es un amor que me sostiene, que me acompaña y que siempre me permite volver. Ese amor me produce una gran confianza y también estimula en mí el noble sentimiento de la gratitud.

Un creyente que imita a María, que tiene la fe en Cristo que tenía María, está lleno de paz, de respeto y de agradecimiento. Porque tiene paz afronta las tormentas de la vida sin hundirse; porque sabe agradecer, busca darle a Dios lo más posible en lugar de estar siempre preguntándose cuáles son los mínimos.

La cuestión entonces es la siguiente: ¿tengo yo fe?, ¿tengo yo esa fe?, ¿tengo fe cuando, por ejemplo, hay algún problema en mi vida (pues es ahí donde se demuestra la fe)?, ¿creo yo que Dios existe y que se interesa por mí, que me cuida...., sobre todo cuando tengo algún problema?. Cuando sufro, cuando algo sale mal, cuando algo no funciona..., ¿tengo fe en que Dios existe y en que guía mis pasos?

Al fijarse en la Virgen María, uno descubre, en primer lugar, a una mujer de fe que, en sus muchos momentos de dificultades (no hay que olvidar que tuvo delante de Ella, crucificado, a su único Hijo) no dudó de que aquello estaba permitido por Dios. ¿Tengo yo esta fe de la Virgen María? ¿Está mi fe limitada a los acontecimientos?, ¿tengo fe solo si las cosas van bien o, realmente, pase lo que pase, tengo fe?

Naturalmente, se puede tener una fe con dudas, con vaivenes, pero, al final, hay que tener fe en que de verdad Dios existe y en que Dios está cuidando de ti, velando por ti, y protegiendo tus pasos aunque tú, en ese momento, no puedas entender cómo es posible que si Dios es Amor, te estén sucediendo esas cosas.

¿Quieres construir el edificio de tu fe sobre una roca firme que nunca se desmorone? Imita a la Virgen. Ten su fe en Dios, en el amor de Dios. Y obra en consecuencia.

CAPÍTULO II

LA VOLUNTAD DE DIOS EN LA ESPIRITUALIDAD DE MARÍA

El segundo punto de nuestra espiritualidad es hacer la voluntad de Dios. En este caso, dado que estamos contemplando a la Virgen María, de lo que se trata es de averiguar cómo hizo Ella la voluntad de Dios, para imitarla y hacer nosotros lo mismo.

Ya he hablado de cuál era la fe de la Virgen, de María como modelo de fe. He dicho que, al ser una muchacha judía, tenía un concepto de Dios como Señor, como Creador, como Juez y como Alguien que interviene en la historia. Por lo tanto, puedes rezar y pedirle ayuda porque está atento a tus súplicas. A la vez, ese señorío de Dios hace que puedas aceptar el misterio de unas decisiones divinas que a veces no entiendes. No vas a poder comprender todo, no vas a poder entender por qué en unas ocasiones Dios te escucha y, en otras, parece no hacerlo.

Pero María, además de judía, también fue una mujer cristiana. Su fe, como discípula aventajada de su Hijo, la llevó a creer en el amor de Dios, en un amor que se revestía de los atributos de la paternidad y que demostraba, en su Hijo, el interés de Dios por salvar a los hombres.

De eso, como también decía, hay que sacar dos consecuencias enormemente prácticas: la actitud de confianza, es decir, la paz interior que brota de saberse en las manos del Padre, y el agradecimiento al contemplar el amor de Dios, manifestado especialmente con la muerte y resurrección de Cristo. Confianza y agradecimiento, los dos frutos primeros y más hermosos que se desprenden de la fe en un Dios que existe pero que también es Amor, en un Dios que acepta nacer y morir no por los justos sino por los pecadores.

Pero esto es solo el primer paso. O, mejor dicho, esa confianza y ese agradecimiento debemos plasmarlo en otro tipo de realidades, en obras concretas. Una de ellas es la disponibilidad a hacer la voluntad de Dios. Disponibilidad que surge como consecuencia lógica de saber que lo que Él nos pida será siempre bueno para nosotros, aunque no lo entendamos a primera vista.

Si nos fijamos en la vida de María, nos encontramos ante todo con aquel momento, en Nazaret, en el que se nos cuenta cómo se comportó la Virgen tras el anuncio del ángel Gabriel que la solicitaba de parte de Dios para ser la Madre del Salvador.

Ante esta oferta-petición, la Virgen hace una única pregunta (no una objeción): «¿De qué modo se hará esto, pues no conozco varón?» (Lc 1, 34-35). Es una pregunta por el método. El método es muy importante siempre. Por eso la Iglesia insiste en que el fin no justifica los medios. Sin imaginárselo, la Virgen, al hacerle la pregunta al ángel, está sentando las bases de la ética cristiana. Una ética que no se deja cegar por los fines, por buenos que estos sean. Cuando, dos mil años después, nosotros digamos que la violencia no puede ser aceptada por muy buenos que vayan a ser los supuestos resultados que con ella se obtengan, o cuando rechacemos el aborto aunque se nos diga que con él una mujer se va a quitar un problema de encima, o cuando nos neguemos a aprobar la eutanasia por más que se nos presente como una forma de evitar el sufrimiento del enfermo o de los familiares, no estaremos haciendo otra cosa más que aplicar a casos concretos el principio moral introducido por la Virgen en la historia del cristianismo y también de las religiones y aun de la misma humanidad: el fin no justifica los medios; si los medios no son buenos, no podemos aceptar el fin por bueno que este sea.

Si el medio propuesto por el ángel para que la Virgen se quedase embarazada hubiera sido malo; si hubiera llevado consigo perder su dignidad y le hubiera supuesto pasar por algo impropio de ella; la Virgen habría sabido que aquel no era el ángel de Dios, sino un enviado de Satanás. Sin embargo, como no podía ser de otro modo, el medio elegido por Dios para la encarnación de su Hijo era no solo bueno sino el mejor posible: «El Espíritu Santo descenderá sobre ti y el poder del Altísimo te cubrirá con su sombra» (Lc 1, 35). Entonces, y solo entonces, la Virgen dio su sí: «He aquí la esclava del Señor, hágase en mí según tu palabra» (Lc 1, 38).

Este es un momento importantísimo en la vida de la Virgen. Es un momento decisivo para la historia de la Salvación, que nos revela cuál era su espiritualidad, su actitud ante una petición de Dios. Ella se muestra aquí ante los ojos de la historia como una mujer, una creyente judía, consciente del señorío de Dios, de los derechos de Dios y de las obligaciones del creyente para con Dios, que se manifiesta dispuesta a hacer la voluntad de Dios, entendiéndola o no, sacando provecho de ella o suponiéndole perjuicios e inconvenientes.

María, en este instante, ante el ángel Gabriel, se convierte de nuevo en maestra de espiritualidad. Nos enseña a estar disponibles para darle a Dios lo que Dios nos pida. Ella, en la humildad de la casa de Nazaret, es la «Virgen del sí». Es la puerta siempre abierta a los designios de Dios, a través de la cual va a entrar a raudales en el mundo la salvación divina. Si antes de ella, otra mujer, Eva, con su «no» a Dios cerró la puerta de la gracia, María, con su «sí», la abre de par en par. Si por Eva entró el pecado en el mundo, por María ha podido entrar, triunfante, la salvación.

Pero, ¿en qué consiste hacer la voluntad de Dios?, ¿qué es lo que Dios quiere de ti?, ¿cómo puedes saber lo que Dios quiere de ti? Porque, en el fondo, esta actitud de disponibilidad debe traducirse en cosas muy concretas, en comportamientos prácticos y cotidianos.

Dios nos pide las cosas, nos manifiesta su voluntad, por lo menos de tres formas distintas.

Lo primero que tenemos que preguntarnos es qué es lo que más necesita Él no solo de nosotros sino en general, de cuale quiera. Imaginad que viviéramos en una situación en la que hay carencia de alimentos, y nosotros tuviéramos, por la razón que fuera, grandes reservas de comida. Sin duda, en este caso Dios querría que la repartiéramos. Para saber qué es lo que Dios querría de nosotros en ese momento habría que preguntarse qué es lo que más necesita precisamente en ese instante.

Otro ejemplo: Dios necesita sacerdotes y es evidente que es así; Dios necesita personas consagradas a Él en la oración, en el servicio a los pobres, en la evangelización. Quizá nos podemos encontrar con un joven que se pregunta: «¿Qué es lo que Dios necesita de mí? ¿Cuál será la voluntad de Dios sobre mi vida?». Lo que ese joven debe hacer es fijarse en lo que Dios necesita en general, no de él sino de cualquiera. En una época en la que hubiera muchos sacerdotes, habría que pensar que Dios necesita quizá otra cosa o necesita menos los sacerdotes que, a lo mejor, laicos comprometidos en el mundo de la política. Ahora no cabe duda de que necesita sacerdotes. Es cierto que ese muchacho puede decir que no porque no siente esa vocación; tendrá derecho a hacerlo, pero debe estar seguro de que de verdad Dios no le quiere por ese camino, pues de lo contrario no podrá decir que hace la voluntad de Dios y luego comportarse como si esa voluntad de Dios no existiera.

Dios necesita muchachas que se consagren en la ayuda a los que nada tienen, a los ancianos —que cada vez son más y que se abandonan con más frecuencia— a los niños, a la evangelización. Con la ayuda de Dios, lo puedes hacer, aunque, por supuesto, consagrarse a Dios conlleva renunciar a otras cosas que te gustan. Si eres cristiana, tienes que pensar en lo que Dios necesita de ti y darle lo más posible; tienes que partir del agradecimiento que busca darle todo lo que se le pueda dar, cuanto más, mejor. Con esa actitud, uno busca y dice: «Yo quiero hacer la voluntad de Dios. ¿Qué es lo que Dios quiere de mí?». Y miro alrededor para ver cuál es la situación: «¿Qué es lo que necesita? ¿Dios necesita sacerdotes, consagrados que evaangelicen..., o no los necesita?». Si Dios necesita sacerdotes, si Dios necesita religiosas, si Dios necesita personas que se dediquen a los demás, ¿dónde las encontrará si todos hacen como tú y le dan la espalda? ¿A qué puerta irá a llamar pidiendo ayuda si tú, que eres católico y tienes el suficiente nivel espiritual como para preguntarte qué necesita Dios de ti, no le escuchas ni le atiendes?

Dios necesita tiempo, Dios necesita ayuda, ¿por qué no se la das? Tienes que tener motivos muy serios para decirle que no. Esos motivos pueden existir: no estás llamado al sacerdocio, a la vida religiosa, porque si te consagras a Dios vas a estar toda la vida angustiado. Entonces ves claro que ese no es tu camino. Quédate tranquilo, cásate, como aconsejaba San Pablo. Si, por ejemplo, no tienes tiempo para ayudar a los que te necesitan, Dios no te lo pide, porque Dios no te pide imposibles ni quiere que andes angustiado y con escrúpulos.

Hay que hacer ese discernimiento, el discernimiento de averiguar qué es lo que Dios quiere de nosotros. Pero el primer paso para saberlo es averiguar qué necesita Dios no de nosotros, sino en general. Es mucho más fácil esto que discernir si somos nosotros los que debemos llevar a cabo ese servicio en concreto. Es mucho más fácil estar de acuerdo en que Dios necesita sacerdotes que en saber que Dios quiere que tú seas sacerdote. Pero para llegar a esto segundo hay que pasar antes por la conclusión primera. Hay que ir de lo general a lo particular. Después de saber lo que Dios necesita, debemos preguntarnos: «¿si alguien tiene que hacerlo, por qué no yo?». Es el momento entonces de aportar los motivos por los cuales se considera que, a pesar de la necesidad tan grande que tiene Dios de eso en concreto, uno no está llamado a ayudar al Señor en ese punto, a satisfacer esa necesidad. Entonces, cuando se llega al convencimiento profundo de que Dios no quiere que tú en particular le ayudes en ese problema, a pesar de lo mucho que necesita esa ayuda, hay que tener paz. Si no puedo darle a Dios lo que necesita, no tengo que sentirme mal por ello; pero, si puedo dárselo, tengo el deber de hacerlo, aunque me cueste.

El siguiente punto para saber cuál es la voluntad de Dios es a través de las propias obligaciones. Hay personas que parecen estar pendientes de saber qué quiere Dios de ellas, cuando en realidad Dios se lo está diciendo y se lo está diciendo a gritos. Por ejemplo: si eres estudiante, lo que quiere Dios de ti es que estudies; si no estudias, no cumples la voluntad de Dios. El cumplimiento de tus obligaciones te da luz para saber cuál es la voluntad de Dios sobre ti. Lo que quiere Dios es que cumplas bien con tu trabajo, con tu profesión, sea la de político o de ama de casa, la de fontanero o la de arquitecto. ¿Cuál es tu obligae ción y tu deber? Eso es lo que Dios quiere de ti. Una persona que no cumple con sus obligaciones difícilmente podrá cumplir con otro tipo de cosas.

Por ejemplo: algo a lo que se le da poca importancia es la puntualidad; las personas impuntuales no cumplen la voluntad de Dios, porque, si tienes que estar a las seis en un sitio, Él quiere que estés allí a esa hora, o al menos que lo intentes de verdad.

El tercer punto para cumplir la voluntad de Dios es la humildad. Hay quien piensa que ser humilde es no vanagloriarse, no presumir. Pero, en realidad, ese es solo es un tipo de humildad. Existen otras formas de humildad relacionadas con la voluntad de Dios que, generalmente, no practicamos. Por ejemplo: aceptar las cosas como vienen. Eso es humildad. Es humildad aceptar una voluntad de Dios que se ha manifestado de una manera que no esperabas. En una situación así algunos se enfadan, se encolerizan. ¡Cuántas veces en nuestra vida ocurren imprevistos! Esas cosas que no puedes prever, que escapan a tus posibilidades de organizar incluso tu propia vida, tienen que convertirse en actos de humildad. Debes tener la actitud de aceptar la vida tal y como viene, sin que eso tenga nada que ver con la pasividad o con una resignación cobarde. Algunos no aceptan lo que les sucede, están siempre quejándose, viendo lo negativo de las cosas. El ejemplo de la botella es muy claro: si eres pesimista, si no eres humilde, la verás medio vacía; si sabes sacar partido a las cosas, la verás medio llena. Cuando sucede un imprevisto en tu vida, lo mejor es que le saques partido; acepta la voluntad de Dios a través de esas circunstancias que no has podido prever, que no dependen de ti y que no puedes controlar.

Una vieja oración, que me gusta mucho, y os aconsejo que utilicéis, dice: «Dame fuerzas, Señor, para cambiar lo que se puede cambiar; dame resignación para aceptar lo que no se puede cambiar y dame luz para saber distinguir una cosa de la otra». Lo que puedas cambiar, cámbialo, no te resignes, lucha; y lo que no puedes cambiar, como una muerte por ejemplo, acéptalo, resígnate. A veces, creemos que algo se puede cambiar y no se puede, y viceversa. Pídele, entonces, luz al Señor para saber distinguir. Eso es humildad y está relacionado con la voluntad de Dios.

Por consiguiente, las tres formas de cumplir la voluntad de Dios consisten en: primero, preguntarse qué necesita Dios en general; lo que necesite en general lo necesitará de ti y tienes que tener serios motivos para no dárselo; en segundo lugar, preguntarse por los deberes de uno e intentar cumplir del mejor modo posible con las propias obligaciones; y, tercero, aceptar las circunstancias: «¿Qué circunstancias son las que entran en mi vida que no puedo organizar ni controlar?»; es un acto de humildad aceptarlas.

Por otro lado, es un deber aceptar la voluntad de Dios, que forma parte de lo que ya hemos hablado: tengo deberes y obligaciones para con Dios, soy criatura y Él es Creador, soy siervo y Él es Señor. Como la Virgen María, que le contesta al ángel: «He aquí la esclava del Señor» (Lc 1, 38). Y esas obligaciones se ponen de manifiesto a través del cumplimiento de su voluntad: «Señor, ¿cuál es tu voluntad? Manda, Señor, que tu siervo escucha. Estoy aquí para cumplir tu voluntad. Tengo el deber de hacer la voluntad de Dios».

Así pues, y se lo digo especialmente a los jóvenes que no están casados, tenéis el deber de planteaross el tema vocacional, de planteároslo, no de consagraros (esto no es un deber). Tienes que tener motivos para decir que no a la consagración teniendo Dios tanta necesidad como tiene de sacerdotes, de religiosos y de religiosas. Si los tenéis, estad tranquilos. Pero si no los tenéis, si os dais cuenta de que con la ayuda de Dios podríais ser felices dedicándoos a evangelizar y a ayudar a los demás, entonces debéis preguntaros: «Si alguien tiene que hacerlo, ¿por qué yo no?».

Otro ejemplo: tienes el deber de plantearte ayudar a la Iglesia en sus necesidades económicas. Y si no puedes ayudar porque eres muy pobre, muy pobre, muy pobre, estate tranquilo. Tienes el deber de plantearte ayudar a los pobres en tu tiempo libre con algún tipo de voluntariado. Y si no puedes hacer nada, porque realmente no tienes tiempo, estate tranquilo.

Por lo tanto, la voluntad de Dios no es una cuestión optativa, sino un deber que tengo como criatura que soy del Creador, como siervo que soy del Señor. Si no tengo este concepto de deber para con Dios, no puedo avanzar en la espiritualidad. Tengo el deber de hacer la voluntad de Dios; debo discernir cuál es esta y, para ello, me pregunto qué necesidades tiene Dios, cuáles son mis obligaciones y cómo me habla Dios a través de las circunstancias, a veces imprevistas y dolorosas, de mi vida.

Repito, intento con todo esto ofrecer un método de espiritualidad, el método basado en la imitación de María. En este método, el primer paso es asumir en la propia vida el concepto de deber: «Tengo deberes para con Dios». Cuando uno lo asume, avanza muchísimo; y, además, tiene también mucha eficacia en las relaciones sociales: quien no tiene el concepto de obligación nunca será un buen profesional y, probablemente, le afectará también en su vida familiar. El segundo paso es darse cuenta de que los deberes para con Dios pasan por el cumplimiento de su voluntad, de los planes que él tiene previstos para nosotros.

Además, hacer la voluntad de Dios no puede ser nunca una resignación. Nos resignamos ante lo inevitable, pero la voluntad de Dios no es una maldición inevitable, sino que es lo mejor para nosotros. Lo que Dios quiere para nosotros, como sabemos por la fe en que Dios es nuestro Padre y nos ama, es siempre lo mejor para nosotros, lo que más nos conviene, aunque a veces no lo entendamos. Por eso, hay que hacer la voluntad de Dios con alegría. Yo no me imagino a la Virgen quejándose por su destino. La tradición nos dice que Ella tenía un plan de consagración personal, pero, si no lo hubiera tenido, de la misma manera habría aceptado la voluntad de Dios con alegría. Dios ama al que da con alegría, no al que da gruñendo y quejándose continuamente. Si vas a dar con amargura y con quejas, no des. Es muy frecuente que la gente te reproche continuamente lo que hace por ti. Haz las cosas con alegría, no le reproches al otro lo que has hecho por él, no se lo eches en cara. Y mucho menos se lo eches en cara a Dios. Es mejor que no lo hagas a estar siempre haciéndole ver lo mucho que te debe.

La voluntad de Dios hay que hacerla con alegría. Lo que Dios quiere para mí es lo mejor para mí. Si Dios me pidió que fuera sacerdote es porque era lo mejor para mí; seguramente también es lo mejor para muchos otros, pero Dios no me lo hubiera pedido a costa de mi felicidad. Dios no viene a fastidiarme para hacer felices a otros, viene a pedirme ayuda para los demás, pero no a base de hacerme daño a mí. Dios le pide a la Virgen María que sea la Madre del Mesías pensando en el bien de la Humanidad entera, porque era necesario que el Mesías naciera para salvar a todos los hombres, pero Ella fue feliz. Lo que Dios le pidió a la Virgen era lo mejor para la Virgen. Ella no resultó sacrificada en el altar del bien común, sino que Ella encontró la felicidad haciendo la voluntad de Dios, a la par que, al hacerlo, colaboraba en la felicidad de los demás. Lo que Dios te pide no solo es lo mejor para los demás, sino también lo mejor para ti.

Por último, yo creo que la voluntad de Dios tenemos que aplicarla en lo grande y en lo pequeño. Hacer su voluntad debería ser un propósito general en nuestra vida. Este propósito puede acarrear unas consecuencias decisivas, como, por ejemplo, casarte o ser sacerdote, es decir, las grandes cosas que haces una o dos veces en la vida; pero, otras veces, la voluntad de Dios implica hacer cosas más pequeñas y más menudas que tienes que llevar a cabo repetidamente, todos los días o, incluso, muchas veces a lo largo del día. Debemos pensar qué quiere Dios que hagamos ahora, en cada momento. Habrá, como dice la Biblia, un tiempo para rezar y un tiempo para trabajar, un tiempo para descansar y otro para fatigarse, un tiempo para reír y uno para llorar, uno para callar y otro para hablar, un momento para estar al lado del que sufre haciendo cosas grandes y maravillosas y otro momento para cumplir con nuestros deberes silenciosamente sin que nadie se entere.

Para saber qué es lo que quiere Dios, repito, hay que pensar qué necesidades tiene, cuáles son tus obligaciones, cuáles son las circunstancias de tu vida a través de las cuales él te está hablando y rezar para que nos ayude a saber qué es lo que se puede cambiar, para cambiarlo, y lo que no se puede, para aceptarlo. En todo caso, no dudes en hacer la voluntad de Dios. No dudes en darle a Dios lo que Dios te pida, aunque veas que te resulta difícil. Porque lo que Dios quiere de ti no solo es bueno para los demás, sino que ante todo es bueno para ti. Si Dios te quiere, si Dios es tu Padre, entonces su voluntad sobre ti será el mejor camino que puedas recorrer para encontrar la felicidad.

CAPÍTULO III

LA CARIDAD EN LA ESPIRITUALIDAD DE MARÍA

Una de las reformas que tuvieron lugar en el seno de la Iglesia anglicana se caracterizó por la insistencia de los reformadores en que era necesario un método para avanzar en el camino de la santidad. Esta reforma, debido a esa insistencia, se llamó «metodista». Andando el tiempo, sus seguidores se separaron del Anglicanismo y surgió una nueva Iglesia, pequeña pero pujante, la Iglesia metodista.

Hago referencia a esta anécdota por lo que ya he dicho acerca de la importancia método. Yo creo en la importancia del método y, además, en la necesidad del orden para cualquier cosa: en el estudio, el trabajo, la familia, la empresa... y, también, en la espiritualidad. En la Iglesia católica también ha habido otras personas que creían en el valor del método y que lo ofrecieron a sus discípulos; los Ejercitos Espirituales de San Ignacio son un método para caminar hacia la sentidad y Santa Teresa de Jesús, en sus «Moradas», está describiendo las distintas etapas de la vida espiritual. San Francisco de Sales hace algo parecido con «Introducción a la vida devota».

Este es uno de los objetivos de los Franciscanos de María: poner en marcha, como ya estamos haciendo, un método de espiritualidad, es decir, algo que a una persona le ayude a progresar cuando, en un momento determinado de su vida, se da cuenta de que Dios es importante y quiere acercarse a Él, conocerle más, mejorar... La existencia de este método es lo que le va a permitir ir progresando. Quien ha aprendido un método es capaz de enseñar un método. Si, por ejemplo, los abuelos hubieran aprendido un método de catequesis, podrían enseñar ese método a sus nietos.

Todo método requiere un orden, un progreso, una sucesión de pasos o de lecciones que se van superponiendo y a través de las cuales vamos profundizando cada vez más en el conocimiento de Dios. En nuestro caso ya hemos visto algo de ese orden. La primera lección, conviene recordarlo, es la que nos hace fijarnos en la fe de María. En ella aprendemos que «Dios existe», que «Dios tiene derechos», que «tú tienes deberes para con Dios», que «Dios te ama infinitamente». Y también sacamos consecuencias muy prácticas: la confianza y la gratitud, como elementos motores de nuestro comportamiento, de nuestra relación con Dios, con la vida, con el prójimo.

Ahora bien, para poder transmitir algo primero hay que asimilarlo, hacerlo propio, hacerlo carne de la propia carne. Es preciso ir asimilándolo poco a poco, introduciéndote en algo que te impregna, que te cambia la vida, para, después, poderlo transmitir a los tuyos (amigos, hijos, compañeros). Si no lo haces tuyo no lo puedes transmitir; primero, tienes que hacerlo tuyo no solo a base de tenerlo en la cabeza, sino también de hacerlo vida, práctica cotidiana.

Por consiguiente, repito, creo que lo más urgente hoy es poner en marcha y difundir un método de espiritualidad que cada uno pueda aplicar a la propia vida para poder después transmitirlo a los demás. Cada uno de nosotros tiene que ser ese canal que ha recibido, ha vivido, ha aprovechado y que, a la vez, ha transmitido a otros unos dones espirituales. Después vendrán los frutos: habrá frutos evidentes —producidos en ti o en los demás— que te llenarán de alegría, mientras que otros tardarán años en manifestarse y, quizá, habrá otros que no se produzcan nunca. También a Jesús le pasó lo mismo; con algunas personas le fue bien y recogió una buena cosecha, mientras que en otras lo que recogió fue poco y en algunas nada.

Siguiendo con esta idea del método, vamos a pasar al siguiente punto de nuestra espiritualidad, siempre desde la perspectiva de la imitación de la Virgen. No se puede entrar en este tercer «capítulo» o tercera etapa si no se han hecho bien las dos anteriores. Es, sobre todo, fundamental que en nuestro corazón abunde el agradecimiento hacia Dios. No un agradecimiento que se base en las cosas materiales que hemos recibido, pues estas a veces están y otras faltan, con lo cual si nuestra relación con Dios está basada en ellas, será siempre frágil, estará siempre expuesta a las crisis. Nuestra gratitud tiene que basarse, como ya he dicho, en la certeza de que Dios nos ama sin mérito nuestro y en que ese amor de Dios se ha puesto de manifiesto de modo insuperable a través del nacimiento, muerte y resurrección de Cristo.

Debes estar agradecido por todo ello para poder dar el siguiente paso, que es el de la moral, el del comportamiento según unas normas éticas. Toda norma, por suave y poco exigente que sea, requiere un esfuerzo. Para llevar a cabo ese esfuerzo, es preciso estar motivado, tener ganas de hacerlo. En el cristianismo, esas ganas deberían proceder, ante todo, del amor a un Dios que nos ama infinitamente; en segundo lugar, deben proceder también del temor a la Justicia divina, la cual —como se ha dicho y no conviene olvidarlo— premia a los buenos y castiga el mal.

Porque, si el Papa, los obispos o el mismo Jesucristo nos dijeran lo que debemos hacer y no tuviéramos motivaciones para hacerlo, recibiríamos sus palabras como una imposición, como un recorte a nuestra libertad. Ese es exactamente el problema que se da hoy en día: la sociedad experimenta la moral de la Iglesia como una carga insoportable, no porque esa moral sea imposible de cumplir, sino porque faltan los motivos, las ganas, para llevarla a la práctica. Algunos teólogos creen que la solución está en bajar el listón de las exigencias: cuanto menos se exija, más fácil será cumplir. Pero no es cierto: si alguien no quiere hacer algo, aunque se le exija poco, seguirá sin tener ganas y lo poco que se le exija le seguirá pareciendo excesivo. Se entrará así en una dinámica de rebajas que inevitablemente conducirá a la disolución de la moral, al laxismo absoluto. Entonces, ¿dónde está la solución? En motivar las ganas. Para que un niño coma es necesario que tenga hambre. Y eso es lo que tratamos de hacer, en primer lugar, con nuestro método: despertar en el creyente el hambre, las ganas de amar, el deseo de amar a Dios.

Cuando uno tiene ese deseo de amar a Dios —motivado como ya hemos dicho por la fe en el amor de Dios—, entonces eres tú el que preguntas: «¿Qué tengo que hacer?». La cuestión moral, por lo tanto, no puede ser algo que venga solo de arriba. Tiene que ser algo que salga de abajo, de la persona, del pueblo. Es la persona la que tiene que estar interesada en saber cómo tiene que comportarse para agradar a ese Dios al que quiere amar. La primera palabra de la Iglesia, lo dice muy bien el obispo teólogo Carlo Caffarra, no es para predicar normas morales, sino para anunciar a los hombres que Dios existe y que ese Dios es amor. Cuando el hombre se da cuenta de lo que eso significa, entonces es él el primer interesado en averiguar cómo debe ser su vida, sus actitudes, su comportamiento para corresponder con ese Dios que tanto le ha amado. Hasta que no se produce esa pregunta, no puede haber respuesta. La Iglesia, lógicamente, tiene que dar esa respuesta públicamente, pues es su deber recordar cuáles son las obligaciones morales que deben cumplir los cristianos; pero estas obligaciones serán percibidas por estos como indicaciones maravillosas que les ayudan a saber cómo amar a Dios, si son conscientes de que tienen una deuda de gratitud para con Dios. De lo contrario, las percibirán —sin culpa por parte de la Iglesia, por supuesto— como intromisiones en su vida que les recortan lo que ellos consideran sagrado por encima de todo: su libertad.

Por lo tanto, en nuestro método de imitadores de María lo primero es suscitar en la persona el deseo de amar a Dios. Solo cuando una persona desea amar a Dios y ha comprendido quién es Dios, está en disposición de acoger las normas morales y de interesarse por lo que tiene que hacer para amarle. Es el momento de decirle: has sido amado, entonces ama. Repito, no es que hasta entonces no se le pueda hablar de compromisos y obligaciones; la Iglesia tiene que hacerlo, aunque él lo rechace, porque es su deber; pero solo cuando el creyente se ha sentido amado tendrá ganas a su vez de amar. Por eso, a la vez que se sigue insistiendo en la presentación pública y privada de la moral cristiana, hay que hacer un esfuerzo mucho mayor aún para evangelizar, para suscitar en el creyente el deseo de amar a Dios. Y para ello nada mejor que hablarle y convencerlo de que Dios le ama a él infinitamente. De ahí la afirmación de que la primera palabra de la Iglesia no es para hablar de moral, sino para anunciar la buena noticia: Dios existe y Dios te ama.

Por otro lado, no hay que olvidarlo, la cuestión moral, el comportamiento que debemos tener, no está relacionado solamente con el amor a Dios, sino también con el temor de Dios, el cual viene ligado a las penas que el Señor puede infligirnos por nuestras malas obras, es decir, a lo que llamamos el «Infierno», una realidad ultraterrena que existe y que forma parte del dogma en el que creemos. He nacido y crecido en una época en la que nunca me han hablado del infierno; soy de una generación que no ha padecido —como dicen los que pertenecen a otras generaciones precedentes— un abuso de ese argumento para motivar el comportamiento humano. Al contrario, en mi época ese ha sido un tema tabú, que nunca se mencionaba. Creo que tan malo es un extremo como el otro, tan malo es estar siempre a vueltas con el infierno, como ocultar la realidad de su existencia. «In medio is virtus».

Pero sentir temor ante un Padre es triste; es mejor sentir amor; moverse por temor no deja de ser una motivación pobre, una motivación primitiva que solo a medias puede satisfacer a Dios. Es muy importante, por ello, aspirar al amor. Con esto no digo que no exista el Infierno o que no tengamos que tenerlo presente en nuestras oraciones. Conviene tenerlo siempre presente, como el trapecista que utiliza la red por si acaso se cae; por si acaso el amor a Dios no te dice nada, es útil que no olvides que ese Dios tan bueno también es justo y que, desde luego, no tiene nada de tonto. Además, la justicia de Dios no tiene como objetivo la venganza, sino la defensa de los derechos de los pobres, exactamente igual, solo que aún más perfectamente que la justicia humana. Pero lo mejor es, obviamente, que tu vida se motive por el amor, por el amor a un Dios que es la fuente y la plenitud del amor.

Estas dos motivaciones, el amor y el temor, tendrían que bastar para hacer la pregunta: «Señor, ¿qué quieres que haga». Si esta pregunta no se ha producido en tú corazón, ni después de contemplar a Cristo crucificado ni después de meditar en lo que les espera a los pecadores tras su muerte, hay muy poco que hacer. Pero creo, sinceramente, que es difícil que eso ocurra. Cuando se ha dado el primer paso, el de la fe en la existencia de un Dios Todopoderoso que es a la vez Padre, entonces lo más normal es dar los pasos siguientes y terminar preguntándole a

Dios qué es lo que hay que hacer para devolverle al menos algo del mucho amor que de Él se ha recibido.

Por eso, cuando tengas dudas, cuando te falten motivos para amar, mira la Cruz y, viendo al Crucificado, volverás a creer en el amor de Dios por ti y por todos los hombres. Y creyendo volverás a sentir las mismas ganas que tuviste antaño, cuando empezabas el camino de Dios, ganas de amarle y de llegar incluso al extremo de dar la vida por Él. La prueba del amor de Dios no es el milagro que te cura una enfermedad ni la lotería que te enriquece; la prueba del amor divino es la Muerte y Resurrección de Jesucristo, aunque ese amor empezó a manifestarse ya con la Creación. El Dios Amor es el Dios que crea a sus criaturas y que cuida de ellas, es el Dios que envía a su Hijo al mundo para salvar al mundo y para darnos a los hombres la esperanza de la Vida Eterna. Si para ti no es bastante, si ni el amor ni el temor logran despertar en ti el fuego suficiente como para mover tu corazón y llenar tus manos de buenas obras, entonces no hay nada más que hacer. Si, después de ver a Cristo crucificado, no te haces la pregunta de qué tienes que hacer para amarle, Dios no puede hacer nada más por ti. Él, con el nacimiento, la Muerte y la Resurrección de Jesucristo, ha jugado todas las bazas que tenía en su mano para conquistar tu corazón, para abrirlo a su amor y arrastrarte tras de sí en un camino de santidad y de felicidad.

En cambio, si el milagro del amor divino ha logrado producir en ti su efecto, entonces serás el primer interesado en averiguar cuál es el comportamiento moral más adecuado para que Dios esté contento contigo. Cuando te hagas la pregunta, Dios te dará la respuesta; y la fuerza de tu pregunta será lo que permita a Dios darte una u otra respuesta. Quien pregunta en voz baja es que no quiere dar mucho y quizá el Señor solo te pueda hablar de mínimos, de los diez mandamientos; en cambio, una persona enamorada, agradecida, pregunta con fuerza y le grita al Señor con fuerza: «¡Pídeme, Señor, estoy deseando hacer algo por ti! No me conformo con darte lo que me sobra, con llegar a la ancianidad y darte lo que ya nadie quiere, con darte los cinco últimos minutos de mi vida para, encima, entrar en el Cielo; quiero darte mi juventud, quiero darte lo mejor». Esa debería ser nuestra actitud. Y a ese Dios le hablará no solo de los Mandamientos, sino de las Bienaventuranzas.

La sociedad —incluidos muchos cristianos— responde a los planteamientos morales de la Iglesia criticándola porque le recuerda dónde está el bien y dónde el mal; pero, si estuviera interesada en amar a Dios, le agradecería enormemente que le dijera qué hay que hacer para obrar el bien y evitar el mal. Además, no hay que olvidarlo, hacer el bien o el mal no es un asunto que afecte solo a Dios y al individuo; es una cuestión absolutamente social. La práctica totalidad de nuestras obras tiene repercusiones en los demás, a veces incluso enormes y decisivas. Por tanto, aprender de Cristo qué es bueno y qué es malo, es importante tanto para la persona —pues gracias a ello para a encontrar la felicidad en la tierra y la vida eterna en el cielo— como para la sociedad —pues los hombres van a ser tanto más felices cuantas más personas haya que hacen el bien y evitan el mal.

Así pues, lo primero que hay que hacer es meditar sobre el amor de Dios, meditar sobre la Cruz, mirar al Crucificado, mirar la Eucaristía, darse cuenta de qué grande ha sido el amor de Dios por cada uno de nosotros. Así hasta que nazca en nuestro corazón el deseo de amar. Debemos pedirle a Dios ante todo esto: «Señor, por encima de todo te pido que me des ganas de amarte, que robes mi corazón, que lo seduzcas, que lo enamores». Todo será fácil desde entonces. Si Dios no significa nada para nosotros, por poco que nos pida, todo nos parecerá mucho; si tenemos deseos de amar, por mucho que Dios nos pida, todo nos parecerá poco.

Una persona que está enamorada de Dios, que ha contemplado al Crucificado y que ha sentido que su corazón se llenaba de agradecimiento, dice: «¿Qué tengo que hacer?». Y Dios le contesta: «Mi voluntad». Esa persona sigue entonces preguntándole a Dios: «¿Cuál es tu voluntad?». Y se lo pregunta no por cumplir, sino con verdadero interés. A esa persona que busca conocer la voluntad de Dios para llevarla a la práctica, el Señor le contesta: «Mi voluntad —aunque tenga diferentes aplicaciones— es siempre y solo una: que hagas el bien y evites el mal. Mi voluntad es que ames. Mi voluntad coincide con mi naturaleza y mi naturaleza es el amor».

Llegamos a este punto de nuestro método de espiritualidad, sin saltarnos lecciones, nos volvemos a preguntar: ¿Qué hizo la Virgen María? Ya hemos visto que la Virgen era una mujer de fe, la hemos visto aceptando la voluntad de Dios gozosamente, por ejemplo, en el momento de la Encarnación, cuando le dice al ángel: «He aquí la esclava del Señor» (Lc 1, 38). Y lo dice contenta, no con fastidio, dispuesta a hacer lo que Dios quiera de Ella.

El siguiente paso en la vida de la Virgen es, como nos cuentan los Evangelios, un viaje, un viaje de caridad. La Virgen María, después de la Encarnación, se fue a visitar a su prima Isabel. En el momento de la Encarnación, el ángel le había revelado, como una prueba de la omnipotencia de Dios, que su prima Isabel, que era anciana y estéril, estaba embarazada. María va a ver a Isabel no para comprobar si era verdad, sino para ayudar. Su prima era una mujer bien situada, estaba casada con un sacerdote, no era pobre y seguro que tenía criadas. Sin embargo, María acude a ayudarla porque sabe que, en un momento así, es importante la presencia de una persona amiga (hace dos mil años el parto era muy peligroso, sobre todo si la mujer era ya mayor, y la mortalidad infantil era muy elevada). Debía de haber una gran relación de afecto entre ambas, y María, probablemente, pensó que su prima estaba sola y que la necesitaba.

Vemos, por lo tanto, a María que, inmediatamente después de haberle dicho al Señor «He aquí tu esclava», emprende un viaje de caridad, se va a hacer un acto de amor hacia el prójimo y hacia Dios. Esta es la primera característica del amor de la Virgen María: en él se une el amor a Dios con el amor al prójimo. Así tiene que ser también nuestro amor: religioso y concreto; religioso en cuanto a la motivación, y concreto en cuanto a las obras. Si no tenemos un amor religioso, somos meramente humanistas, no creyentes. Ese es, hoy en día, uno de los grandes riesgos de la Iglesia: transformarse en una ONG, como el Papa ha recordado en la «Novo millennio ineunte». Por eso, debemos recordar a los que hacen obras benéficas y son creyentes que tienen que estar espiritualmente motivados en su comportamiento social. Tienen que servir al hombre, pero no deben olvidar que sirven a Dios en el hombre.

Por otro lado, también hay personas que se las dan de espirituales, pero que no tienen obras concretas en sus manos; dicen que oran mucho, pero aman muy poco; hasta es posible que den limosnas para poner un manto maravilloso en una imagen de la Virgen, pero no se preocupan por los que se están muriendo de hambre o no tienen un techo donde cobijarse. Ese no es nuestro estilo de amor, ese no fue el estilo de amor de la Virgen María. En el amor de María se une la motivación religiosa con la obra concreta. Ella va a ver a su prima por amor a su prima y por amor a Dios. Ese debe ser nuestro estilo de amor.

Alguno quizá podrá objetar que no hace falta estar motivado espiritualmente, es decir, hacer las cosas por Dios, para llevar a cabo obras de caridad. Tienen razón y debe ser así cuando los que hacen el bien son personas sin fe. En cambio, un creyente no puede dejar a Dios de lado en ningún momento de su vida y, por lo tanto, mucho menos cuando hace algo tan noble y elevado como es amar al prójimo.

Quizá se objete también que en ocasiones el amor humano es tan fuerte que no es necesario recurrir a las motivaciones religiosas, como por ejemplo, cuando una madre cuida de un hijo o cuando un novio está con su novia. Habría que recurrir a las motivaciones religiosas, según ellos, solo cuando no te apetece hacer el bien. Hay que responder con la frase de Jesús: «El que no es fiel en lo poco no puede serlo en lo mucho». Es en lo pequeño donde hay que entrenarse para estar preparado para cuando lleguen las dificultades. Si te acostumbras a hacer las cosas por Cristo, incluso aquellas que te salen espontáneas y que te resultan sencillas, cuando te encuentres ante problemas graves, como perdonar a un enemigo por ejemplo, el hábito adquirido jugará a tu favor y serás capaz de decir, también ante ese problema, «Señor, lo hago por ti». La motivación religiosa, el «por ti» puesto intencionalmente en el corazón ante cada acción, nos entrena para las grandes ocasiones; refuerza nuestra relación con Dios de tal modo que, si se aplica con fidelidad, se comprueba cómo se progresa en el camino de la santidad con gran rapidez. Ese «por ti» hace que el creyente viva en una perenne conversación amorosa con su Dios. Y no hay que temer que, al estar Dios por medio, el hombre resulte postergado; todo lo contrario, pues Dios nunca separa sino que une. Dios no es obstáculo jamás entre la esposa y el esposo, entre los padres y los hijos, entre los amigos. Quizá podrá parecerlo a veces, pero en realidad eso solo ocurrirá cuando lo que el otro te pide vaya contra la ley de Dios —por ejemplo, si te pide que le acompañes a realizar un aborto o que colabores con él en un atentado terrorista—, pero en ese caso lo que estás haciendo en realidad al negarte a ser cómplice de tu amigo es ayudarle de verdad, pues colaborar con él en el mal no es quererle sino perjudicarle. Si la persona más amada te pidiera que cometieras con él un crimen, o que le ayudaras a drogarse, o que fueras colaborador silencioso de un acto corrupto, negarte no es dejar de amarle —aunque a esa persona en ese momento se lo parezca así—, sino quererle de verdad. ¿Le dejarías a un niño beberse una botella de lejía solo porque él te lo pidiera?

¿Acompañarías a una joven amiga tuya a tirar su bebé por un puente por el solo hecho de que ella necesita no estar sola en ese momento? Muchas veces hasta buenos cristianos cometen estupideces de ese tipo, solo porque no tienen suficientemente claro este punto. Si se aprende a actuar por motivaciones religiosas, si se practica con frecuencia el «por ti», entonces Dios se convierte de verdad en lo primero en nuestra vida. Y no hay que olvidar que ese es el primer mandamiento (Amarás a Dios sobre todas las cosas), y que nadie puede pretender ocupar el lugar de Dios en nuestro corazón. No hay que olvidar que fue Cristo el que dijo con toda claridad que «el que ama a su padre o a su madre, a su mujer o a sus hijos más que a mí, no es digno de mí». Dios no puede ocupar ni siquiera un honroso segundo puesto en nuestro corazón. Si Dios es Dios, si Dios existe, solo puede estar en un lugar: el primero. Y además, esto es lo mejor que puedes hacer por tu prójimo, por esa persona tan amada que te parece que no necesitas a Dios para quererla. Quizá eso sea así hoy, pero es posible que mañana tus sentimientos hayan cambiado; si has aprendido a introducir a Dios en tu relación entre ella y tu, hoy no te separará y, sin embargo, mañana te unirá cuando quizá tú quieras separarte de ella porque hayas dejado de quererla.

Pero esta no es la única característica con que se reviste el amor de la Virgen. María experimenta la necesidad de ir a ver a su prima como una obligación. Por lo tanto, para nosotros amar no es, no puede ser, una cuestión opcional. Amar es un deber, es una obligación; no debemos plantearnos el amor como algo que podemos hacer o no hacer, sino como algo que debemos hacer. Para poder introducir este concepto de deber en el amor, debemos haberlo introducido antes, desde el momento en el que hemos sabido que de la fe en Dios se desprende el concepto de obligación: tenemos deberes para con Dios, y estos deberes se cumplen amando al prójimo. Pero, si no he asumido estos deberes para con Dios, cuando me encuentro con el prójimo necesitado, le ayudaré solo si mis sentimientos en ese momento me lo indican; pero, otras veces, no le ayudaré porque ese prójimo me cae mal, porque me ha hecho daño, porque no me apetece o porque estoy cansado. En cambio, si tengo deberes para con Dios y soy consciente de ello, si Dios tiene poder sobre mí, aunque no tenga ganas de amar al prójimo, comprendo que tengo el deber de amarlo porque tengo que hacer aquello que Dios quiere que haga. Por consiguiente, la segunda característica del tipo de amor que aprendemos de la Virgen María es que el amor es un deber, es una obligación. Primero, pues, el amor ha de ser religioso (motivado religiosamente); segundo, el amor no es una cuestión optativa sino que es un deber, una obligación; tengo el deber de hacer el bien que puedo hacer, no me basta con evitar el mal.

Esta no es una cuestión insignificante, sino decisiva para el tiempo presente. Recientemente, el cardenal Rouco, arzobispo de Madrid, en la conferencia de ingreso en la Real Academia de Ciencias Morales y Políticas, se refería a la relación que existe entre el respeto a los derechos de Dios y el respeto a los derechos humanos. «Los «derechos superiores de Dios» —afirmaba el purpurado madrileño—, en frase del Vaticano II y que el papa Juan Pablo II ha glosado tan bellamente en señaladas ocasiones, representan el apoyo primero y último, a la vez que la garantía inquebrantable, de los derechos del hombre». Porque la cuestión decisiva, tanto a nivel individual como a nivel social, es quién motiva para amar. Cuando la motivación es solo legislativa, la frontera de su cumplimiento será exclusivamente penal. Cuando la motivación es interior, nuestros actos estarán sujetos a los cambios de humor de la persona, a las conveniencias, a las presiones externas y a las modas. En cambio, para el creyente, el hecho de que exista una autoridad externa a él con fuerza coercitiva sobre su conciencia, que es Dios, se convierte en un motor suficiente como para moverle a respetar los derechos del prójimo. Por supuesto que habrá muchos hombres que también respetarán esos derechos sin tener ninguna referencia religiosa, pero esa no es la cuestión; la cuestión está en saber cómo hay que motivar a los que no quieren hacer el bien, a los que no optan libre y espontáneamente por respetar los derechos del prójimo. Desaparecido Dios, no hay fuerza alguna más que la de la policía o la que cada uno sienta en cada instante, para obrar el bien y rechazar el mal. Fue Dostoiewsky, no hay que olvidarlo, el que proféticamente advirtió las calamidades que tendrían lugar en su patria con el comunismo o en Alemania con el nazismo, cuando escribió: «Si Dios no existe, todo está permitido». Dios es el garante seguro del derecho de los débiles. Dios es el Señor que nos dice que no podemos hacer daño al hermano y que si se lo hacemos deberemos enfrentarnos con Él. Él se muestra, en la historia bíblica, como el protector del pobre y del inocente. Cuando en nuestra sociedad se ha pretendido «matar a Dios» lo que se ha hecho, por desgracia, es acabar con el defensor del débil, con aquel que ponía freno al egoísmo humano.

La tercera característica de nuestro amor a imitación del que tuvo María es que tiene que ser concreto, práctico, no de palabra. A una persona con hambre no puedes darle una palmadita en la espalda y decirle: «Que Dios te ampare, hermano».

Eso es una ofensa. Tienes que decírselo y darle a la vez un bocadillo o ayudarle a que él mismo se resuelva sus problemas. El amor tiene que ser práctico, igual al que demostró la Virgen cuando fue a ver a su prima a pesar de que corría peligro al ir por esos caminos de entonces y que, a su vuelta a Nazaret, ya estaba embarazada de varios meses, y no solo se jugaba su seguridad, sino también la del fruto de sus entrañas, que era ni más ni menos que el Mesías, el Hijo de Dios. ¡Qué valor tuvo la Virgen para emprender aquel viaje! Valor motivado por el amor a Dios y por el amor a su prima; amor concreto, de obras, no de palabras piadosas. Me molestan sobremanera las personas que son falsamente espirituales, y hay muchísimas; hay una casta de espiritualistas que están siempre con el cuello torcido, pero que difícilmente van a aplicar toda su espiritualidad en ayudar a la gente. Esas personas no son verdaderamente espirituales. Si una persona te necesita y tú puedes ayudarla, tienes el deber de hacerlo, no el deber de darle solo palabras de ánimo, sino el de estar a su lado y darle aquella cosa concreta que necesita y que tú puedes dar. Habría que recordar aquí las enseñanzas del apóstol Santiago, el pariente del Señor, a propósito de la necesidad de que la fe se vea acompañada de las buenas obras. «La fe sin obras es una fe muerta». Quizá eso también hay que decirlo de la oración. «Las obras sin espiritualidad —habría que afirmar— no son propias de un cristiano, pero la espiritualidad sin obras es una burla al cristianismo».

La cuarta característica del amor de María es la oración. Y esta tiene que darse después o a la vez que la anterior; no puedo rezar para que se acabe el hambre si antes no he dado una limosna para conseguirlo (a no ser que no pueda darla). Si, por ejemplo, alguien de tu entorno está enfermo, a la vez que rezas para que se cure, hazle una visita; le darás una alegría, la misma que la Virgen le dio a Santa Isabel.

Recordad que Jesús, cuando habla del Juicio Final, dice que va a separar a unos a la derecha y a otros a la izquierda; a los de la derecha les dirá: «Venid, benditos de mi Padre (...), porque tuve hambre y me disteis de comer (...)» (Mt 25, 34-35). No dice: «Tuve hambre y me disteis buenas palabras». Las buenas palabras son muy fáciles de dar, pero lo que el pobre necesita son buenas obras. Creo en la importancia de la oración, creo en la utilidad extraordinaria de la oración, pero me molesta enormemente que haya gente que rece y no trabaje; hacen un gran daño a la verdadera espiritualidad y son un descrédito para la Iglesia. Rezar por el prójimo necesitado es una forma de amar, una forma extraordinariamente útil de amar al prójimo. Pero debe ejercerse a la vez que se hace todo lo posible para ayudar a ese prójimo en sus necesidades.

A propósito de esto, creo que merece la pena hablar de un fenómeno de nuestra época como son las apariciones marianas. Personalmente me gusta mucho ir a los lugares sagrados donde Nuestra Madre se ha aparecido y que están reconocidos por la Iglesia. Creo que es de una gran utilidad y en ellos se dan cientos de conversiones. Pero advierto también el peligro de caer en un cierto exotismo, en un afán por lo extraordinario, por lo espectacular. Es más fácil ir de peregrinación a un santuario que ir de peregrinación a un hospital o todos los días a la Santa Misa; y, sin embargo, en los tres sitios está Cristo. Nuestro Señor está esperándote en la cama del enfermo, en la silla del inválido, en la cuna del niño huérfano; Nuestro Señor está aguardando tu visita en el Sagrario para que le hagas compañía y le hagas la limosna de tu presencia. Puedes y es útil que vayas a donde dicen que se ha aparecido la Virgen, siempre y cuando la Iglesia lo permita, pero no olvides que es un contrasentido hacer eso si no acudes a los sitios donde sin ningún tipo de duda está el Señor: en los pobres y en la Eucaristía. Hay que hacer aquello sin descuidar esto, sobre todo si queremos imitar a María, si queremos agradar a María. ¿O piensas que ella, la Madre del Crucificado, estará muy contenta contigo si le rezas rosarios, le pones velas y le cantas hermosas canciones pero no das de comer a su hijo hambriento o no vistes a su hijo desnudo?

Hay muchas personas que, ingenuamente, se dejan arrastrar por supercherías, quizá porque es más fácil ir a esos lugares que ir una vez a la semana a un asilo a estar con ancianos; o rezar el rosario para que acabe el hambre en el mundo que renunciar a una comida, a un lujo o a un capricho para compartir lo que te has ahorrado con alguien que tiene hambre. Esas peregrinaciones son las que tenemos que hacer en primer lugar: las peregrinaciones a los asilos, a los hospitales, a los lugares donde hay verdadera necesidad, y a los Sagrarios. Ahí es donde la Virgen María quiere vernos y donde disfruta contemplando a sus hijos ayudando a sus otros hijos. Solo desde esa perspectiva es importante la oración. Orar se convierte entonces en una forma maravillosa de amar a Dios, que es un Pobre necesitado de nuestra compañía, y de amar al prójimo. El objetivo de la vida de un cristiano debe ser, ante todo, amar. Amar será, en un determinado momento, estar junto a un enfermo de sida; en otro momento, acompañar al Señor en la Eucaristía; y en otro rezar el Rosario. Es desde la perspectiva del amor al prójimo que debemos rezar por las personas que nos han pedido oraciones, pero debemos hacerlo a la vez que trabajamos por alimentar al hambriento o vestir al desnudo.

Antes de terminar este punto dedicado a la oración, en el contexto de la caridad, me gustaría hablar de la oración no en cuanto petición a Dios de gracias espirituales o materiales para mí o para mi hermano, sino en cuanto a la oración como camino de espiritualidad. Quizá nadie se ha referido tan bien a este punto como Santa Teresa de Jesús y creo que sigue siendo de una actualidad plena lo que enseñó esta gran doctora de la Iglesia. Sin oración, sin tiempo concreto de oración, no puede haber unión con Dios, no puede haber progreso en la vida espiritual, camino de perfección, santidad. La oración es imprescindible, es lo que nos permite escuchar al Señor que purifica nuestras intenciones, enciende nuestra caridad y reanima nuestras débiles fuerzas. Ahora bien, tenemos que intentar vivir en permanente estado de oración. Y eso lo conseguimos gracias a los «tiempos» de oración —que deben ser cotidianos—, a la Eucaristía —de la que se hablará más adelante y que debería ser lo más frecuente posible— y al «por ti» del que ya se ha hablado, que nos permite estar en una continua relación con Cristo, ofreciéndoselo todo, diciéndole continuamente lo mucho que le queremos.

Las cuatro características de nuestro amor, a imitación de María, deben ser, por lo tanto: un amor motivado religiosamente, un amor que se experimenta como un deber y no como una opción que se puede hacer o no hacer, un amor lleno obras concretas, y un amor que reza, porque muchas veces no podemos hacer nada más (no podemos evitar una guerra o devolver la salud a una persona). La oración es una forma de amor a Dios y al prójimo, pero no puede ser nunca una forma de amor que excluya, que sustituya, a la forma de amor por excelencia, que es el acto de caridad concreto que se le da al que está necesitado de él.

No hemos agotado con esto todo lo que podemos aprender de la Virgen María en lo referente a la caridad. Podemos extraer aún varias normas de comportamiento muy prácticas, como las siguientes. El amor a imitación de María debe ser, ante todo, un amor universal. Después debe ser un amor que no está esperando a que el otro sea el que da el primer paso, sino que se pone a amar el primero. En tercer lugar, es un amor que intenta comprender al otro poniéndose en su lugar para amarle no como a uno le gusta sino como el projimo necesita. También es un amor que está dispuesto a volver a empezar, a dar al hermano nuevas oportunidades, a perdonar. Si nos fijamos en la vida de la Virgen, vemos que estas cuatro notas aparecen repetidas en uno u otro momento.

Amar a todos. Amar a todos significa que no podemos excluir a nadie de nuestro amor. Es incompatible con el cristianismo el racismo, o la exclusión de alguien por motivos económicos, culturales o por cualquier otra causa. Todos somos criaturas de Dios, hermanos en el único Padre. La Virgen María es madre de todos sus hijos por igual; no privilegia a ninguno por el color de su piel, o por la cantidad de dinero que guarda en el Banco, o por su edad, o por su cultura. Ni siquiera el pecado es un motivo en la Virgen para rechazar a alguien. Ella es, y así lo decimos en las letanías, el «refugio de los pecadores», tanto como el «consuelo de los afligidos» o el «auxilio de los cristianos». Por lo tanto, imitar la caridad de la Virgen nos debe llevar a no excluir a nadie de nuestro amor. Quizá nos parezca, al principio, que nosotros no hacemos nunca eso. Pero, si nos fijamos bien, vemos que con frecuencia tratamos mejor al simpático que al antipático, al rico que al pobre, al amable que al desagradable. No quiere decir esto que no podamos tener preferencias, simpatías, amistades; no seríamos humanos si así fuese. Lo que quiero decir es que esas simpatías no pueden conducirnos a ser injustos, a negarle a alguien aquello a lo que tiene derecho por el simple motivo de que no es de los nuestros, de nuestro país, de nuestro grupo político o de nuestro círculo de amigos.

Amar el primero. Amar el primero significa no esperar a que sea el otro el que empiece el movimiento del amor. Cuando veas que hay que hacer algo, no te preguntes ¿por qué yo?, sino ¿por qué no yo?. No esperes a que otro tenga la iniciativa, sino lánzate tú a hacerlo; con frecuencia comprobarás que había otros esperando que alguien diera el primer paso para después ponerse también ellos a amar. Claro que para hacer esto hay que estar convencido de que amar es una suerte. Amar no es un castigo, un fastidio, una maldición que te amarga la vida y te impide disfrutarla plenamente. Amar es una bendición, es la auténtica experiencia de felicidad. El verdaderamente afortunado no es el que se deja querer, sino el que quiere, el que ama. Hay más gozo, insiste la Biblia, en dar que en recibir. ¿O preferías estar tú en la cama del hospital, inválido, a ir a visitar al que se encuentra en ella? ¿Te cambiarías por el mendigo que pide limosna con tal de no darle tú algo de lo que te sobra?

Volver a empezar. La Virgen no tuvo necesidad de practicar esta forma de amar con respecto a ella misma, pues nunca cometió pecado. En cambio, la vivió muchas veces en lo que respecta a su relación con nosotros, sus hijos.

Volver a empezar significa darle al otro una oportunidad más, no cerrarle definitivamente las puertas a pesar de que se ha equivocado. Claro que eso no quiere decir que no tengas derecho a protegerte de los abusos, o a proteger a los tuyos. Pero también es verdad que, con frecuencia, aplicamos al prójimo los viejos conceptos que tenemos de él y no le damos nunca la oportunidad de que pueda cambiar, abortando así los intentos de hacerlo en caso de que los hubiera. Volver a empezar significa perdonar y, para perdonar, no hay nada mejor que meditar en las palabras del Señor: «La medida que uses la usarán contigo». O en esas otras que utilizamos en el Padrenuestro: «Perdónanos como nosotros perdonamos». Solo el engreído, el soberbio, el que tiene tan alto concepto de sí mismo que considera que no tiene nada que reprocharse, es capaz de negarle al prójimo una nueva oportunidad cuando este se la pide y cuando hay garantías serias de que no se trata de una trampa para volver a abusar de nuevo de tu buena fe. Volver a empezar es, también, pedir perdón; un perdón que a veces hay que pedir explícitamente y que en otras ocasiones bastará con solicitarlo a través de los detalles de la conversión; una petición de perdón que debe ir unida a un intento serio de acabar con las causas de ofensa al prójimo, es decir a un propósito de enmienda; una petición de perdón que tiene que ir ligada al sacramento de la penitencia, para reconciliarte también con Dios, al que ofendiste al herir a tu hermano, y para recibir de Él la gracia que necesitas para no volver a pecar.

Hacerse uno con el otro. Para amar al prójimo hay que tener en cuenta precisamente a ese prójimo. El Señor nos enseña que hay que tratar al otro como a uno mismo le gustaría ser tratado. Esa norma ética, conocida como la «ley de oro», es en realidad anterior al cristianismo y está inscrita en la ley moral natural que existe en el corazón de todos los hombres. Pero a veces podemos confundirnos en su aplicación y pensar que lo que el prójimo necesita es exactamente lo mismo que nosotros necesitamos. Por eso quizá sería más claro decir: «Ama a tu prójimo como a él le gustaría ser amado», con la limitación anteriormente citada de que nunca puedes hacer algo que vaya contra la ley de Dios. Hacerse uno con el otro es enormemente práctico. Nos ayuda a comprender al hermano, a entenderle, a poder quererle de verdad. Quizá él viene cansado después de un día de duro trabajo y tras una agotadora travesía en medio del tráfico intenso de la ciudad; a ti a lo mejor te apetece salir y a él, en cambio, relajarse en casa y descansar; hacerse uno con el otro llevará al que quiere salir a plantear la posibilidad de quedarse y al que quiere quedarse a ofrecerse a salir. Si hay amor recíproco, amor por parte de los dos, unas veces cederá uno y otras otro. Pero esto ya pertenece al capítulo siguiente, el capítulo en el que veremos a María como modelo a imitar para posibilitar que el Señor esté presente en medio de los discípulos.

Resumiendo este importante capítulo, tendríamos que decir que la voluntad de Dios es que ames. El amor, a imitación de María, debe ser: religioso (es decir, motivado espiritualmente), experimentado como un deber y no como una opción, concreto y expresado también en la oración. Ese amor tiene que cumplir estas normas: amar a todos, amar el primero, volver a empezar y hacerse uno con el prójimo para amarle como él necesita ser amado.

CAPÍTULO IV

LA IMITACIÓN DE LA MATERNIDAD ESPIRITUAL DE MARÍA

Podemos decir que el Señor está presente en medio de los discípulos porque fue Él quien lo dijo, lo mismo que podemos decir que el Señor está en la Eucaristía porque fue Él quien lo dijo. No es fruto de la lógica ni de la experiencia, sino que todo esto está basado en la propia Palabra del Señor. El mismo Señor que dice «Tomad y comed; esto es mi cuerpo» (Mt 26, 26) dice: «Pues donde hay dos o tres reunidos en mi nombre, allí estoy yo en medio de ellos» (Mt 18, 20).

Ya hemos visto antes que la voluntad de Dios es la caridad, el amor. El Señor se despide en Getsemaní diciendo: «Un mandamiento nuevo os doy, que os améis unos a otros; como yo os he amado» (Jn 13, 34). Por lo tanto, la voluntad de Dios por excelencia es la caridad, es el amor. Ahora bien, ese amor puede ser de una única dirección o ser de ida y vuelta, ser recíproco, y solo en este caso es perfecto. Muchas veces, supongo que todos, hemos experimentado una cierta frustración, un cierto vacío, cuando hemos amado a alguien y no nos hemos sentido correspondidos; te has entregado, has confiado, has hecho, a veces, grandes sacrificios por una persona, o por una institución, y, pasado el tiempo, las esperanzas que tenías puestas en esa persona no se han visto correspondidas; ese amor que has puesto, que has sembrado, que, incluso, como he dicho, te ha costado grandes esfuerzos no ha vuelto a ti, o no ha vuelto cuando tú lo necesitabas o con la intensidad con la que creías que tenía que venir. Se produce, entonces, una frustración. Naturalmente, tú, delante de Dios, has hecho lo que tenías que hacer y, probablemente, seas un santo, pero no es lo mejor, no estamos hablando de la plenitud del amor; hay amor por una parte, pero no de ida y vuelta, no amor recíproco.

Sobre ese amor recíproco hay que decir, no porque sea un elemento teológico afirmarlo así sino porque es de sentido común, que es la plenitud del amor. Nosotros consideramos que la plenitud del amor, el amor recíproco, se convierte en la condición necesaria para que el Señor —si así lo desea— esté presente en medio de los discípulos. Unimos por lo tanto el «amor recíproco» a la frase de Jesús: «Pues donde hay dos o tres reunidos en mi nombre, allí estoy yo en medio de ellos» (Mt 18, 20).

Vamos a estudiar con detalle esa frase. En primer lugar, empezamos por darnos cuenta de que se trata de una frase condicional, de una frase que pone condiciones para que se pueda producir algo. También para que se realice la consagración eucarística existen condiciones. El Señor dijo: «Tomad y comed; esto es mi Cuerpo», pero puso condiciones para que eso tuviera lugar como, por ejemplo, que solamente puedan celebrar la Eucaristía sacerdotes varones, que se consagre un tipo determinado de pan, que solo se consagre vino. Son condiciones sacadas, por supuesto, de la propia experiencia de Cristo: en la Última Cena solo había varones, el Señor consagra pan y vino y no otro tipo de alimento.

Pues bien, la condición para que el Señor esté presente en medio de los discípulos, tal y como Él prometió, es, precisamente, que exista el amor pleno, el amor recíproco, dado que Él puso como condición estar «unidos», es decir que existiera la unidad entre los que se reunían en su nombre.

Esta presencia del Señor no es fácil de conseguir, al contrario quizá sea la más difícil. Cristo está presente en la Eucaristía, en la Palabra, en la jerarquía. Y esto es más sencillo, porque para que esté en la Eucaristía basta con tener el pan y el vino y un sacerdote debidamente ordenado, nada más; no hace falta que el sacerdote sea santo ni siquiera que esté en gracia de Dios, pues no consagra en función de su santidad, sino en función del ministerio recibido. En cambio, para que el Señor esté en medio de los discípulos hace falta amor recíproco, que tiene una dificultad muy grande porque puede que tú estés poniendo de tu parte, pero, quizás, el otro no pone de la suya. A lo mejor estás haciendo un esfuerzo, sacrificándote por una persona, por tu familia, por una relación de amistad..., y te sientes muy defraudado porque no te dan lo que tú esperas. Quizás no pueden dar más (el tema del juicio hay que dejárselo a Dios), pero, desde luego, no recibes lo que esperas; estás pendiente, haces llamadas..., y la otra persona se deja querer pero no corresponde al amor que está recibiendo. Hay un vacío, una frustración, te sientes mal, incluso a veces esta relación termina por hacerte daño. Sin embargo, cuando se produce el milagro de la reciprocidad, cuando amas y eres amado, todos sabemos lo bien que se está y es en ese momento cuando se ha conseguido la plenitud del amor.

Para nosotros la unidad es tan importante —como «materia prima» que posibilita la presencia del Señor en medio de los discípulos— que tenemos una norma: vale más lo menos perfecto en unidad que lo más perfecto en desunidad, siempre y cuando, lógicamente, lo menos perfecto no cruce la barrera del pecado. En la convivencia en el hogar, por ejemplo, te das cuenta de que, si hubieras cedido un poco, aun a costa de que hubieras perdido algo de tu razón, habrías conseguido que el otro también cediera en algo y todo habría salido mucho mejor. En cambio, al no querer ceder, al no querer ver las cosas desde el punto de vista del otro, al querer salirte siempre con la tuya, se rompe la unidad, se rompe la armonía, y lo que era o podía ser un paraíso se convierte en un infierno de gritos y tensiones.

La unidad es un punto fundamental en nuestra espiritualidad de imitadores de la Santísima Virgen. Lamentablemente, constatamos que cuando esa unidad no existe las cosas no funcionan bien. En cuántas ocasiones se nota la pérdida de la unidad; por ejemplo, entre algunos teólogos y el Papa; entonces se producen polémicas, enfrentamientos, acusaciones contra la jerarquía que se publican en los medios de comunicación y hacen gran daño a la Iglesia; estas tensiones, esta pérdida de unidad se produce también con frecuencia en las parroquias, en la familia, en el trabajo. Cuando se rompe la unidad, nos encontramos en un infierno. Cuando existe es un paraíso. A veces, la barrera entre el infierno y el paraíso es muy sutil, y se puede cruzar muy rápidamente, precisamente, porque no hay amor recíproco. El grupo en el que se rompe la unidad se va muriendo, no crece, no tiene dimensión apostólica, y los miembros de esa institución acaban por marcharse cada uno por su lado. Si no hay unidad, no merece la pena hacer nada, te falta la ilusión y te vence la desgana.

No podemos avanzar, ni en la Iglesia ni en la sociedad, si no avanzamos en unidad. Queremos esa unidad porque queremos que el Señor esté presente en medio de nosotros, y sabemos que esto tiene un precio: saber ceder, saber amar.

Pero el Señor puso también otra condición para hacerse presente en medio de los discípulos, la de que estos estuvieran unidos «en su nombre». Una vez más nos volvemos a encontrar con el importante punto de las motivaciones religiosas. Podemos estar con alguien, unidos incluso a él y no solo junto a él. Y, sin embargo, el Señor no está allí o no lo está al menos de una forma plena. Para que se dé esa presencia es necesario que la unidad sea en el nombre de Jesús, es decir que lo que una a esas personas sea el amor a Dios y a Cristo, que compartan ese amor en sus fines, en sus métodos, en sus causas.

Podría parecer que estar unidos en el nombre de Cristo no es más que una mera formalidad, una especie de compromiso que se hace presente de modo ritual mediante una oración o teniendo una imagen cerca. No es así. Se trata de algo tan concreto que cambia completamente el tipo de relación que existe entre las personas, la purifica del egoísmo, la diviniza. ¿Cómo pueden dos o más reunidos en el nombre de Cristo dejarse llevar por la envidia, por el ansia de figurar, por la utilización del otro para alcanzar los propios fines?

¿Cómo se puede estar con el Señor presente en una familia católica si el esposo no ama a la esposa y, por el contrario, la margina o la golpea, o al revés? ¿Cómo puede funcionar religiosamente una parroquia en la que hay tensiones porque los laicos quieren hacer de curas y los curas no dejan la justa autonomía a los laicos? ¿Cómo puede prosperar y tener vocaciones una orden religiosa si sus miembros no están unidos y si no lo están en el nombre del Señor? Estar unidos en el nombre del Señor significa amar como Él nos ha enseñado; no solo a amar, sino, amar con su estilo de amor. Significa respetar las normas morales de la Iglesia, hacerlas propias aunque a veces vayan en contra de la opinión del mundo y, precisamente por eso, nos cueste trabajo aceptarlas también a nosotros.

La unidad y la unidad en el nombre de Cristo es decisiva para el éxito de cualquier empresa apostólica y también para la buena marcha de cualquier grupo o institución, desde la familia hasta la Iglesia. No en vano, fue el mismo Cristo el que, antes de salir para el huerto de los olivos, le dijo al Padre: «Que todos sean uno para que el mundo crea». Sin unidad no hay testimonio y sin testimonio de caridad no puede haber conversiones, no puede haber evangelización. Donde no hay unidad no está Dios, porque donde no hay unidad no hay amor. Donde está Dios está el cielo y donde no está Él está su enemigo, está el infierno.

Me gustaría, con todo, ser algo más concreto a la hora de determinar las condiciones que se tienen que cumplir para que el Señor esté presente en medio de los discípulos. Hay que decir acerca de esto que, ante todo, deben llevarse a la práctica las que ya se han señalado a propósito de la caridad: amar a todos, amar el primero, volver a empezar, hacerse uno con el prójimo para entenderle y poderle querer como él necesita. Pero, dado que la unidad implica un tipo especial de amor, el amor recíproco, el amor de ida y vuelta, conviene fijarse en alguna condición especial que hay que añadir a las anteriores.

¿Cómo vivió todo esto la Virgen María, que es nuestro modelo? Yo creo que lo debió de vivir de forma extraordinariamente ejemplar, por un motivo: porque Ella era Madre. Y si hay algo en lo que las madres son especialistas es en ese intento de unir, de juntar las distintas partes. La madre siempre intenta unir a los hermanos, y, de hecho, muchas familias se rompen cuando desaparece la madre; mientras la madre o el padre viven, los hermanos tienen un punto de vinculación en común; cuando mueren, empiezan los problemas de las herencias, las envidias... Una madre siempre intenta que sus hijos se lleven bien, disculpa, intenta comprender. Cuando San Pablo hablaba de la caridad en aquel precioso capítulo de la Carta a los Corintios, creo que pensaba en la Virgen María: «La caridad es longánime, es benigna; no es envidiosa, no es jactanciosa, no se hincha; no es descortés, no busca lo suyo, no se irrita, no piensa mal; no se alegra de la injusticia, se complace en la verdad; todo lo excusa, todo lo cree, todo lo espera, todo lo tolera» (I Cor. 13, 4-7). Una madre todo lo cree, todo lo tolera, todo lo escucha, ama sin límites, perdona sin límites, excusa sin límites...

Entonces, cuando nos preguntemos qué podemos hacer para que exista el amor recíproco en nuestro hogar, para que el Señor esté presente en medio nuestro, pensemos en María. Ella, como Madre, seguro que lo vivió y lo llevó a cabo de una manera verdaderamente ejemplar. La primera característica será, pues, amar con amor de madre.

¿Qué condiciones tiene el amor de madre? En primer lugar, el prójimo preferente es el más cercano. Digo el preferente, no el exclusivo. Una madre tiende a querer, en primer lugar, a sus hijos, a los miembros de su familia. Pero no tiene que querer solo a los suyos, porque, cuando la familia se convierte en algo cerrado, excluyente, deja de ser cristiana; una familia cristiana tiene que estar abierta al resto de la familia y de la sociedad; tiene que vivir pendiente de lo que está fuera de sus barreras, del alejado, del Tercer Mundo y del mendigo de la esquina. Pero es lógico que el prójimo preferente sea el próximo. Por lo tanto, nosotros, en la imitación de María en su amor de Madre, que posibilita que el Señor esté presente en medio de nosotros, tenemos que tener y dar valor al prójimo más próximo, que es el miembro de la familia.

Para nosotros, pues, la familia es muy importante. Hay instituciones que tienen un cierto aire antifamiliar, que obligan los hijos a separarse de los padres, a no hablar con ellos..., sobre todo cuando se consagran. Yo creo que sacan de contexto la frase del Señor «Quien ama a su padre o a su madre más que a mí, no es digno de mí» (Mt 10, 37). Para nosotros, en nuestra imitación de María, la familia ocupa un lugar fundamental, no exclusivo ni excluyente, pero muy importante, pues no podemos amar al alejado si no amamos al próximo, y el prójimo al que tenemos que empezar a amar es a nuestra propia familia. La familia no es un obstáculo que nos impida acercarnos a Dios, sino que, por el contrario, es el lugar en el que hemos aprendido a amar a Dios y el lugar preferente en el que tenemos que amar al prójimo.

Ahora bien, ese prójimo que está más próximo, es también, con mucha frecuencia, el más difícil de amar precisamente por esa proximidad (muchas veces estás harto de aguantar a alguien nervioso, apático...). El amor recíproco se convierte en un amor difícil precisamente porque tiene que ser puesto en práctica con el que tienes más cerca de ti. Por eso es importante insistir en ello, pues de lo contrario podríamos caer en la tentación de ser muy amables y serviciales con los extraños mientras que no hacemos nada o casi nada en la propia casa; con frecuencia ves en la Iglesia personas que se pasan muchas horas en las sacristías y que dejan de lado su hogar; o jóvenes que están dispuestos a ayudar a los marginados e incluso a irse a lugares difíciles en el Tercer Mundo pero que no mueven un dedo para ayudar a sus madres en las tareas de la casa.

Por lo tanto, el primer punto para imitar a María en su amor de Madre es amar al prójimo próximo, que es el miembro de tu familia. Después, lo llevarás en ondas concéntricas: el miembro de tu grupo, de tu comunidad, de tu asociación, de tu parroquia, tu compañero de trabajo... Ahí es donde tienes que amar en primer lugar. No pienses que te quedas con la conciencia tranquila porque has dado una limosna para ayudar a una persona del Tercer Mundo si con el prójimo próximo no intentas mantener una relación de auténtica caridad. Y no es sencillo, sobre todo cuando las personas que nos rodean tienen, por la edad o por su personalidad, muchas rarezas, o, a lo mejor, eres tú mismo el que has ido cambiando y te has hecho más intolerante, más antipático, y el otro te lo devuelve con la misma moneda.

La segunda característica fundamental en esta imitación de María en su amor materno es amar sin exigir recompensa. Y esto también es muy difícil de hacer. Todos, de una forma o de otra, estamos esperando una recompensa, al menos una palabra de agradecimiento o un detalle por parte de aquellos por los que nos hemos sacrificado. Es humano. Pero el amor tiene que intentar ser perfecto, tienes que intentar amar con ese amor de madre que ama aunque no haya recompensa. En esto, lo digo de nuevo, las madres son un verdadero ejemplo, porque, si amaran solo en función de las recompensas, hace mucho tiempo que habrían dejado de amar. Imitar a María en su amor de madre es amar sin esperar recompensa. Si la recompensa llega, estupendo, es muy agradable y muy justo recibirla; pero, si no llega, tienes que seguir amando, solo así podrás conseguir que el otro cambie.

De todas formas, constatamos con frecuencia que es difícil que el otro cambie y por eso hay que tener cuidado para que el amor no fomente su comodidad; el amor de madre tiene que educar, tiene que saber poner límites, porque, si no, es un amor que no forma a la persona, sino que, por el contrario, contribuye a que sea un egoísta, hace de él un comodón. A veces, esa mala educación que, en algunos casos, han dado los padres y las madres hace que un matrimonio se rompa, sobre todo por el salto generacional: lo que aguantó la madre no lo aguanta ahora la esposa. Pero, como punto de partida, y no me refiero solo al caso matrimonial, para que el Señor esté presente en la comunidad, tenemos que imitar a María en este amor de Madre que ama sin esperar recompensa. Dios quiera que venga esa recompensa, pues seguramente la mereces con creces y es justo que te la den; es justo que te digan que la comida que has hecho está buena, o que te den las gracias por tantos esfuerzos como has llevado a cabo para sacar la familia adelante. Pero, si la recompensa no viniera, debes seguir amando, debes seguir trabajando por los tuyos, pues no debes olvidar que, en el fondo, no lo haces solo por ellos sino que lo haces también e incluso ante todo por Dios.

No podemos tener continuamente una balanza en la mano, no podemos estar calibrando continuamente lo que damos y lo que recibimos; hay que amar sin esperar recompensa y, además, con un límite, el que establece Jesús cuando dice: «Nadie tiene amor más grande que el de dar uno la vida por sus amigos» (Jn 15, 13). Esta es la tercera condición que hay que poner para posibilitar la presencia del Señor en medio nuestro: Estar dispuesto a amar hasta llegar al límite de dar la vida por la persona amada.

Yo, cuando me cuesta hacer algo, me hago con frecuencia esta pregunta: «Si me pidieran dar la vida a cambio de esto, ¿qué elegiría?». San Pablo dice en una de sus cartas: «Aún no habéis llegado a la sangre», refiriéndose a que todavía no se había dado el testimonio supremo de morir por defender el mensaje de Cristo. Me gusta poner el ejemplo del cheque porque es muy gráfico; cuando tienes que hacer algo que te cuesta, piensa: si te dieran dinero, ¿lo harías? Seguro que sí. Muchas veces tienes que aguantar a un padre anciano, a un padre enfermo..., y estás harto; en cambio, un extraño lo hace por dinero. Por eso, cuando algo te cueste, pregúntate:

¿Lo haría por un millón de pesetas, o por diez millones, o por cien? Y si lo harías por dinero, ¿por qué no lo haces por amor, por qué no lo haces por Cristo?. Lo mismo puedes preguntarte a la hora de plantearte tu relación con Dios. No tienes tiempo para rezar, pero si te dieran cien mil pesetas cada vez que vas a misa o que rezas el Rosario, ¿dejarías de hacerlo? Recientemente he leído una historia preciosa. Un niño le preguntó a su padre cuánto ganaba a la hora. El papá era un hombre muy ocupado que apenas paraba en casa. Cuando, tras insistir, se lo dijo, el pequeño le pidió una cantidad de dinero que era la mitad de lo que el padre ganaba a la hora; refunfuñando, el papá se lo dio. Entonces el niño cogió el dinero que tenía ahorrado y con el que le acababa de dar su padre le dijo: «Quiero comprar una hora de tu tiempo para que estés conmigo». Creo que el Señor tiene muchas ganas de decirnos lo mismo: Quiero comprar una hora de tu tiempo para que la pases a mi lado, ¿cuánto tengo que pagarte? ¿quieres un milagro, quieres dinero, quieres éxito? Y nosotros tendríamos a que decirle a Jesús: «No me tienes que dar porque te quiera, no tienes que comprar mi corazón a precio de oro pues ya lo has comprado a precio de sangre. Aquí estoy, para estar todo el tiempo posible contigo».

Por lo tanto, tenemos que tener esa capacidad de amar, de intentar amar, con el límite de dar la vida: «Tengo que estar dispuesto a dar la vida por esta persona, tengo que estar dispuesto a querer a esta persona hasta el límite de dar la vida por ella». En los matrimonios, por ejemplo, ambos deben estar siempre dispuestos a dar la vida por el cónyuge, no solo al principio, cuando están recién casados, sino también cuando han transcurrido muchos años de matrimonio y han tenido ocasión de conocer bien los defectos de la pareja.

Otra cuestión importante, la cuarta, es el perdón. Aunque, seguramente, María no lo tuvo que practicar en el seno de su familia, a pesar de todo, tenemos que imitarla también en esto. Estoy seguro de que Ella no tuvo que perdonar nada ni a San José ni al Niño Jesús, igual que San José no tuvo que perdonarle nada a Ella. Pero, aun así, sin embargo, eran personas y, por lo tanto, tendrían su carácter; harían cosas, con la mejor intención, que, quizá, molestaron al otro. Así pues, habría momentos en que esa unidad de la Sagrada Familia, se podía ver turbada por algo. Un ejemplo de ello es cuando el Niño Jesús se perdió en el Templo de Jerusalén, dándoles un gran disgusto a sus padres que le estuvieron buscando durante más de un día llenos de angustia.

Así, en esa imitación a María para que el Señor esté presente en medio de nosotros es fundamental el perdón, perdón que tiene dos aspectos: perdonar y ser perdonado. El ejercicio del perdón es necesario para que exista unidad entre nosotros: en la familia, en una comunidad, en el trabajo, en la Iglesia.

El aspecto del perdón que consiste en pedir perdón es probablemente más fácil de hacer que el otro, el que supone perdonar al prójimo que te ha hecho daño. Para pedir perdón basta con un poco de humildad. No hace falta siempre decirlo explícitamente, sino que a veces es incluso mejor corregir el problema y tener detalles con el otro que le hagan ver que estás arrepentido y dispuesto a cambiar. Lo que sí hace falta desde luego es estar dispuesto a corregirse, pues de lo contrario el prójimo experimenta tu petición de perdón como una tomadura de pelo, como un engaño.

En cuanto al perdón que se da, creo que hay que tener siempre la disposición para darlo, aunque eso no suponga cerrar los ojos a la realidad de los defectos del prójimo ni olvidar la legítima defensa de nuestros derechos. Juan Pablo II, con respecto al terrorismo por ejemplo, ha hablado siempre del perdón, pero ha insistido en que hay que tener garantías de que el arrepentimiento sea sincero y de que no se volverán a cometer los mismos errores. Es necesario, pues, perdonar siempre, aunque eso no suponga ir en contra de la justicia.

Aún diría más: es importante intentar no solo el perdón, sino también el olvido. No es fácil olvidar si has recibido una herida. Ese olvido tendría que ponerse en práctica, sino quitándote de la cabeza lo que te han hecho, por lo menos quitándotelo de la boca. Son realmente molestos, destructores de la unidad, esos recuerdos que traes continuamente a colación: «Hace veinte años tú me dijiste...». Hace veinte años, a lo mejor, esa persona cometió un error, pero se lo has recordado y echado en cara durante todo este tiempo. Una vez, una joven esposa me dijo, medio en broma medio en serio, que le habían aconsejado que cuando su marido cometiera alguna falta no se lo reprochara, sino que lo guardara para tirárselas a la cara cuando ella cometiera ese u otro error. Es una especie de acumulación de piedras recíproca. Ese no es nuestro método, el nuestro es el del amor recíproco, no el de los golpes recíprocos. Nosotros preferimos tirarnos unos a otros obras de amor, flores, antes que piedras.

El perdón es esencial. María, quizá, no tuvo muchas oportunidades de practicarlo con San José o con el Niño Jesús, pero creo que fue una maestra en el amor y en el perdón a los Apóstoles y a todos nosotros. ¿Os imagináis a María ejerciendo de Madre después del Viernes Santo? ¿Os imagináis a María ejere ciendo de madre con San Pedro, que negó a su Hijo? Y ejerció de Madre, porque Jesús le encargó en la Cruz que fuera Madre de sus Apóstoles, de aquellos que fueron los traidores. Y, seguramente, si Judas no se hubiera ido directamente a suicidarse, María le habría convencido de que no se matara, porque hasta de Judas intentó y quiso seguir ejerciendo el papel de Madre.

En esto tenemos que tener mucho cuidado y preocupación, procurando, incluso, llegar al olvido, o por lo menos que haya olvido en la palabra, que no haya reproches. Si el problema ya se ha pasado, no estés siempre volviendo a lo mismo, recordando algo que ocurrió. De lo contrario, es imposible que exista la unidad en ese grupo, en esa familia, en esa institución.

Por último, a propósito del perdón, cuando queremos imitar a María y que el Señor esté presente en medio de nosotros, tenemos que intentar que nuestro amor, con la característica del perdón, produzca un fruto de paz. Tenemos que intentar tener paz en nuestro interior y que esa paz esté también fuera de nosotros. La paz debería servirnos de termómetro: cuando algo de lo que haces no te procura paz, o no procura paz, es una mala señal; para que el Señor esté presente en medio de nosotros tiene que haber unidad, y el termómetro de la unidad es la paz. Unidad y paz son casi sinónimos. Que lo que hagas te procure paz, una paz que nazca del amor, no del miedo o del egoísmo. ¿Quieres que siempre exista unidad en tu familia? Olfatea aquello que va a producir más paz: tener un detalle, pedir perdón, guardar silencio o defender al ausente cuando este es criticado. Si construyes la paz, estarás sembrando la unidad. Repito, en eso la Virgen María, como Madre, era un ejemplo insuperable. Pon paz y encontrarás unidad y estará el Señor presente en medio de los tuyos.

En esto también podemos hablar de San Francisco, de esa oración suya tan conocida: «Haz de mí, Señor, un instrumento de tu paz; donde haya odio, ponga yo amor; donde haya ofensa, ponga yo perdón; que no me empeñe tanto, Señor, en ser perdonado como en perdonar; en ser amado, como en amar; en ser comprendido, como en comprender...». Curiosamente, San Francisco refleja en esto la misma espiritualidad materna de la Virgen María y, de hecho, él aconseja a sus hermanos que se amen entre sí como una madre; estableció que en los conventos, sobre todo en los eremitorios de la montaña donde iban de dos en dos a vivir, uno hiciera el papel de madre y el otro, el de hijo, en el sentido de que, durante un tiempo, uno se ocupara de la casa y el otro se dedicara a rezar, y después cambiaran. A mí me gusta especialmente que San Francisco haya recogido esta idea de hacer de madre, de imitar a la madre, porque nos permite unir los dos puntos de referencia de los Franciscanos de María en uno solo: la imitación de Francisco y de María en la práctica de la maternidad espiritual.

Nosotros queremos imitar a María construyendo la unidad, haciendo posible, con el amor recíproco, que el Señor esté presente en medio de nosotros. Y para conseguirlo, es necesario practicar los puntos mencionados: amar al prójimo próximo, amar sin esperar recompensa, amarle dispuesto a dar la vida por él si hiciera falta y por lo tanto sin poner límites, amar con un amor que perdona, o que pide perdón, y, luego, intuir qué es aquello que pone paz en el ambiente y estar dispuesto a ceder, aunque no en las cosas fundamentales y de conciencia, siguiendo la máxima de que «vale más lo menos perfecto en unidad que lo más perfecto en desunidad». Porque lo que vale más por encima de cualquier otra cosa es estar con Dios y Dios solo está donde hay caridad, donde hay amor.

Tenemos que pedirle a la Virgen María que nos ayude en este punto, porque, realmente, se sufre mucho cuando no está el Señor en medio de nosotros, cuando no hay unidad en la familia, cuando no hay unidad en la comunidad. En una sociedad como la nuestra con un número de divorcios creciente y unos problemas comunitarios también crecientes en las congregaciones religiosas, en las parroquias, en la propia Iglesia, el trabajo por la unidad es necesario y urgente. Hagamos todo aquello que depende de nosotros, pongamos unidad, paz, intentemos que el Señor esté presente. E imitemos a María y seamos capaces de tener amor de madre. Se nos brinda de este modo la ocasión maravillosa de ser como la Virgen en una maternidad no física pero sí espiritual, pues fue el propio Jesús el que dijo que su madre y sus hermanos eran los que «escuchaban la palabra de Dios y la ponían en práctica». Escuchar la Palabra y practicarla no es otra cosa que vivir en caridad, en una caridad que llega a su plenitud cuando es recíproca.

Podemos ser, por lo tanto, «otras» María. Podemos ser «madres» de Jesús, no en el sentido físico, como si tuviéramos la oportunidad en engendrar físicamente de nuevo al Señor. Ese fue un privilegio de la Virgen, único e irrepetible. Pero podemos permitir que, si el Señor lo desea, Él vuelva a nacer en medio de los hombres, de una manera real aunque espiritual. Y esto podemos conseguirlo trabajando por la unidad, intentando que entre nosotros exista la plenitud del amor que es el amor recíproco. Es desde esta perspectiva que debemos valorar las tensiones, los problemas, las rupturas de la Unidad. ¿Merecen la pena? ¿Son tan importantes como para que, por su causa, el Señor ya no pueda estar entre nosotros?. En la mayor parte de los casos la respuesta será negativa y nos daremos cuenta de que, aunque tengamos que ceder un poco, lo que conseguimos con ello, la unidad, vale muchísimo más.

CAPÍTULO V

IMITAR A MARÍA JUNTO A LA CRUZ

Hemos visto a María como modelo de fe, como modelo de disponibilidad ante la voluntad de Dios, como modelo de amor y también la hemos contemplado en su maternidad espiritual, la que nos posibilita disfrutar de la presencia del Señor en medio de los discípulos debido a que Él está presente donde hay dos o más reunidos en su nombre. Pero eso, lógicamente, no es todo. Faltan varios puntos clave en su espiritualidad y uno de ellos, el que afrontamos en este capítulo, es el de su actitud ante el dolor, ante la Cruz.

El dolor es una realidad inevitable, presente de una forma o de otra en la vida de todo ser humano. Hay dos tipos de dolores, de problemas: los que tú tienes y los que tiene el prójimo. La Virgen es un modelo de comportamiento para saber cómo debemos comportarnos ante ambos.

Cuando el que sufres eres tú, nada mejor que te fijes en Ella y no solo cuando estuvo al pie de la Cruz. A lo largo de su vida no le faltaron a la Virgen sinsabores, preocupaciones, sufrimientos. Ya cuando llevó al pequeño Jesús al Templo, poco después del parto, el anciano Simeón le predijo que una espada de dolor le atravesaría el alma. Aquella profecía seguro que la estremeció por dentro, aunque en realidad ya había tenido ocasión de comprobar algo de ello.

El dolor apareció enseguida en la vida de la Virgen, con el riesgo que tuvo que correr al quedarse embarazada sin haber convivido con San José y el inicial repudio por parte de este que solo la aparición de un ángel corrigió. Hubo dolor en la llegada de María a Belén, cuando comprobó que no quedaba sitio para ellos en las posadas y que se veía forzada a dar a luz a su Hijo —al Mesías nada menos— en una cueva de ganado. Si bien María no sufrió en el parto, pues no quedó destrozada su virginidad, no le faltaron sufrimientos mayores que los que padece una madre cuando nace su hijo. Con gran angustia tuvo que partir camino del exilio, camino de Egipto, para evitar que Herodes el déspota asesinara a su criatura; con gran pesar debió enterarse de la matanza de los inocentes que había llevado a cabo en Belén y sus alrededores al saberse frustrado en sus deseos. No faltó el dolor cuando el Niño Jesús se perdió en el Templo, lo mismo que no escaseó durante los años de la vida pública, cuando estaba lejos de ella y le llegaban todo tipo de noticias acerca de las compañías en que andaba su Hijo o sobre los peligros que corría.

Pero, naturalmente, todo aquello había sido un entrenamiento para prepararse para el momento definitivo, el de la Cruz. Allí la Madre dio la medida exacta de su personalidad, de su temple, de su capacidad para fiarse de Dios a pesar de las circunstancias. María al pie de la Cruz es un anticipo de lo que padecerán tantas madres y tantos padres a lo largo de los siglos. El Hijo crucificado y muerto, el Hijo fracasado, el Hijo enterrado apresuradamente en un sepulcro prestado, es un símbolo de esos otros hijos que han fallecido en las guerras, en las cárceles injustas o que han encontrado la muerte en los infiernos de la droga.

Por eso María se alza ante nosotros con una autoridad inigualable y nos dice: «¿Quién como yo?». Pero no lo dice con la soberbia de Lucifer, que pretendió retar a Dios. Lo dice con la humildad de la esclava del Señor que sabe que es Dios quien ha hecho en ella las mayores maravillas. ¿Quién como yo?», nos dice María, para mostrarnos a continuación la larga lista de heridas que han cosido su alma. «Mi dolor es como el tuyo, mayor incluso que el tuyo. Por eso te sirve mi ejemplo, por eso puedes acudir a mí en busca de consuelo, porque yo sé lo que estás sufriendo, yo sé lo que es pasar lo que tú estás pasando». Creo que este es el gran atractivo de María. Ahí, junto a la Cruz de su Hijo, es cuando la sentimos más que nunca uno de los nuestros. Sus heridas son nuestras heridas, sus problemas tienen el nombre y los apellidos de los nuestros. Por eso su ejemplo está siempre tan cercano y por eso ella, más que nadie, conquista nuestros corazones y puede conducirlos hasta el divino Corazón de su Hijo.

¿Cómo reaccionó María ante sus propios dolores? Ante todo con la práctica de una virtud, la esperanza. Ya hemos hablado de la fe de María y de su caridad. También hemos hablado de su humildad y de su vida de oración. Nos falta esta virtud esencial y este es el sitio donde debe ir colocada. María al pie de la Cruz es la Madre de la Esperanza. ¡Qué razón tienen los andaluces, tan sabios, que llaman a sus Vírgenes dolorosas con el dulce nombre de Esperanza! En varias ocasiones he tenido la oportunidad de estar en uno de los recintos sagrados más nobles de España, la basílica de la Macarena de Sevilla. Allí, contemplando aquel dulce y expresivo rostro, viendo sus cinco lágrimas que al caer sobre su pecho se convierten en cinco esmeraldas del color verde de la esperanza, he aprendido que esa era la virtud que protegía a la Virgen mientras veía morir a su Hijo, mientras le veía fracasado y solo, abandonado —aparentemente— por Dios y realmente por los hombres. He visto también, con adminaricón, el efecto maravilloso que la esperanza de la Virgen, que la Macarena, produce en los hijos del pueblo, en los hijos de María.

La gente sencilla y también los ilustres, se postran ante los ojos tristes y hermosos de Nuestra Madre y, al verlos llorar, se dan cuenta de que sus lágrimas son iguales a las propias. Por eso notan el consuelo que emana de ella y salen del templo llenos de la misma virtud que lleva su nombre: la esperanza.

Imitar a María cuando uno está sufriendo, aunque el sufrimiento te lo proporcione otro, es imitarla en la práctica de la esperanza. Es esta una virtud que consiste en disfrutar de lo que no se tiene precisamente porque se sabe que se va a tener. No tienes salud y necesitas esperanza; la esperanza te sostendrá en la lucha, te ayudará a aplacar la angustia y el miedo, colaborará con los calmantes que tomas o con la terapia que sigues porque sabes que la salud te vendrá. Y te vendrá quizá no aquí, pero sí en la vida eterna. Por eso hablar de esperanza es hablar del Cielo, es hablar de esa realidad cierta que hay cuando llega la muerte, cuando termina nuestro paso por la tierra. La esperanza nos sostiene en la lucha, impide que nos hundamos, porque sabemos que lo que ahora no tenemos y ansiamos lo vamos a poseer quizá aquí o, con toda seguridad, en la vida eterna. Es posible que alguno diga que eso tardará mucho en ocurrir y que él quiere cosas más próximas, más de este mundo. Hay que contestarle que la vida pasa con una gran rapidez y que, puede o no tener esperanza en el premio prometido, pero desde luego no por no tenerla va a conseguir alcanzar lo que desea aquí e inmediatamente. La esperanza no actúa en nosotros como un opio, como una droga que nos impide luchar para alcanzar nuestros deseos debido a que los veremos satisfechos en el Cielo. Al contrario, sabiendo que vendrán, tenemos paz interior y, con la serenidad que da la certeza de que la victoria final es nuestra, estamos más capacitados para llevar a cabo todas las luchas de la tierra, las luchas por la justicia tanto como las luchas por la salud, por el trabajo, por la unidad familiar. ¿De qué te sirve ponerte nervioso o desesperado cuando tienes un problema? Generalmente eso solo contribuye a que pierdas las pocas fuerzas que tienes para hacer frente a esa situación. En cambio, la esperanza te mantiene firme, alegre incluso, pues sabes que lo que ahora no tienes lo tendrás, que poseerás lo que te ha sido prometido, lo que Dios te ha asegurado que existe y quizá incluso que lo poseerás también en esta tierra.

Pero la esperanza no es la única virtud que podemos imitar de María cuando estamos en la Cruz. Hay en el dolor una presencia misteriosa pero real de Cristo. No es una presencia sacramental, desde luego, pero es auténtica, es verdadera.

Tampoco es un sacramento la presencia de Cristo en la Palabra, en medio de los discípulos, en el prójimo o en la Jerarquía de la Iglesia, y sin embargo el Señor está presente de una manera u otra en todos ellos.

La presencia del Señor en el dolor viene garantizada por las palabras del propio Cristo cuando, hablando del Juicio Final, dijo que separaría a unos a la derecha y a otros a la izquierda. A los primeros les diría: «Venid benditos de mi Padre, porque tuve hambre y me disteis de comer». Los elegidos contestarían, sorprendidos, «¿Cuándo, Señor, te hemos dado de comer?». A lo que Jesús respondería: «Cuando lo habéis hecho con uno de estos mis humildes hermanos, conmigo lo habéis hecho». Hay, por lo tanto, una presencia del Señor en el hombre que sufre. Es como si Él, tras subir a la Cruz y compartir con los seres humanos el máximo grado de dolor posible, hubiera dejado una huella suya en cada prójimo que sufre. Y si está en el hermano cuando este sufre, también está en ti cuando estás sufriendo. Cristo, por lo tanto, está en ti cuando el dolor lacera tu cuerpo o tu alma. De este modo, todo cambia de perspectiva. El sufrimiento ya no es una desgracia, sino una ocasión maravillosa para estar en comunión con Cristo. Cristo te visita a través del sufrimiento, como si se tratara de otro tipo de Eucaristía, no sacramental por supuesto, pero de alguna manera también real, auténtica. Tienes entonces la ocasión de decirle: «Señor, estoy dispuesto a estar toda la vida así, sufriendo, con tal de estar contigo». De este modo, el sufrimiento deja de convertirse en una maldición en una causa de desgracia, para llegar a ser una bendición pues te permite estar con aquel al que quieres por encima de todo, con Cristo. La clave está, pues, en ese «contigo», que pronuncias a veces en medio de las lágrimas y que se convierte en la fuente del mayor consuelo.

El fruto de esta «comunión espiritual» con Jesús Crucificado y Abandonado es, ante todo, la paz. Tienes paz porque estás con Él. Si amas estar con Él, si le amas a Él, ya no experimentarás el sufrimiento como la mayor desgracia, sino como un vehículo para estar a su lado. Esa paz producirá los mismos efectos que la esperanza: consuelo, fortaleza, capacidad para reunir las pocas fuerzas que te queden y seguir luchando contra el dolor y el problema. Porque esta fe en la presencia de Cristo en el dolor no diviniza el dolor. Este sigue siendo algo rechazable, algo que hay que intentar evitar y suprimir; solo será vehículo para la presencia de Dios en la medida en que sea un dolor inevitable. Pero, en esa medida, cuando hayas hecho todo lo posible para suprimirlo y no lo hayas logrado, entonces Cristo se hace presente en él para darte el alivio que necesitas, el alivio que ya no te pueden dar los médicos, los psicólogos o cualquier otro especialista en resolver tus problemas. Cristo cumple así una de sus más maravillosas promesas: «Venid a mí los que estáis cansados y agobiados, que yo os aliviaré». Añade el Señor: «Cargad con mi yugo, que mi yugo es ligero». Tú tienes problemas y estás siendo aplastados por ellos; todo te está fallando y no encuentras ya ayuda en la tierra. Entonces te das cuenta de que precisamente esos problemas son un vehículo que te permite estar con Cristo. Es en esa comunión con Cristo donde encuentras exactamente lo que Él te prometió. No dijo: «Venid a mí, que yo os quitaré los problemas». Dijo «yo os aliviaré». Los problemas, el dolor, probablemente permanecerán —salvo que el Señor haga un milagro—, pero tú encontrarás alivio y lo hallarás no porque el dolor disminuya, sino porque Él habrá puesto su hombro bajo tu carga, habrá hecho de tu yugo el suyo y así habrá rebajado el peso que cae sobre ti. Antes eras tú el único que llevabas la cruz, ahora la lleváis entre los dos, Él contigo. El yugo, la cruz, deja de ser instrumento de maldición y de tortura y se convierte en signo de salvación, de liberación. Pero, repito, todo esto es posible solo si a la vez que se le dice a Cristo: «Estoy dispuesto a estar así toda la vida con tal de estar contigo», se trabaja para aliviar el dolor usando los medios legítimos que la ciencia o la vida nos ofrecen. De lo contrario, estaríamos haciendo una divinización del dolor y cayendo en un masoquismo que no tiene nada que ver con la religión cristiana. Nosotros amamos al Crucificado y si somos capaces de amar incluso la Cruz es porque ella es la portadora de Él, no porque nos guste sufrir y mucho menos hacer sufrir a nadie.

Pero todo esto es solo la mitad de la historia. Es lo referente al dolor que hay en nosotros. El sufrimiento, sin embargo, no se agota ahí. El sufrimiento está, mucho más fuerte con frecuencia, fuera de ti, fuera de nosotros. También para relacionarnos con este sufrimiento podemos acudir a María y tomarla como ejemplo, como modelo.

¿Qué hizo la Virgen ante la Cruz del prójimo, especialmente ante la Cruz de su Hijo? Lo primero que hizo fue no huir. Lo segundo tener fe en la victoria final y lo tercero cargar en sus espaldas con la parte del problema que podía asumir para aliviar al que estaba sufriendo.

No huir. Imitar a la Virgen practicando esta característica del amor al que sufre es realmente urgente en una época como la nuestra. Juan Pablo II ha dicho, con razón, que vivimos en una «cultura de la muerte». Esta cultura se caracteriza por intentar suprimir todo aquello que da fastidio, que crea problemas. Si el niño que va a nacer no es bien recibido, se le mata con el aborto. Si el anciano o en enfermo es molesto para los familiares o gravoso para el erario público, se acaba con él con la eutanasia. Si la convivencia en el hogar se ha vuelto difícil —no digo en casos extremos, en que está justificada la separación— se recurre con una gran facilidad al divorcio. Vivimos en la cultura de la muerte, en la cultura de la huida. Ante los problemas, damos la espalda y nos marchamos. No estamos acostumbrados a sufrir. Parecemos hechos de una pasta blanda que es incapaz de afrontar dificultades y problemas.

Pues bien, María es un modelo que nos ofrece justo el ejemplo contrario. Cuando los apóstoles dieron la espalda, cuando huyeron, cuando negaron que conocían al Maestro, Ella estuvo allí, junto a la Cruz, serena y entera, dispuesta a certificar que era la Madre del Crucificado aunque le hubiera ido la vida en ello. No dijo, ante el rostro desfigurado de su Hijo, ante la viva imagen del dolor y del fracaso: «No le conozco». Al contrario, más orgullosa que nunca de su divina criatura, dijo: «Aquí estoy yo, soy su Madre». Si había llegado la hora de la persecución, del martirio, ella no quería estar lejos, dejando a su Hijo que recibiera en su carne todos los golpes. Quería compartir con él las amarguras y los insultos, mientras que sus amigos, los que se habían peleado por ocupar el primer puesto en su reino de gloria, se escondían no fuera a ser que les tocara algo de su reino de sufrimiento.

No huir, por lo tanto, es el primer punto de la imitación de María ante los problemas, propios o ajenos. El segundo es mantener la esperanza de que la victoria será nuestra. Tenemos que creer en la victoria final del amor y tenemos que creer en ello precisamente cuando no hay motivos humanos, evidentes, para creerlo. Es en la época de persecución, de crisis, cuando hace falta la fe, cuando son necesarios los amigos. Si hoy hubiera una avalancha de gente que llenara los templos, si los Seminarios estuvieran tan llenos que hubiera que descartar a candidatos al sacerdocio por los más nimios motivos, entonces sería muy sencillo creer que Cristo es el triunfador y que en el Evangelio y en su moral están las pautas para la felicidad del hombre. Pero no es así y, por eso, es más necesario que nunca estar seguro de que aunque la opinión pública no nos apoye, aunque las encuestas digan que la mayoría no piensa como nosotros, la verdad y la razón, el triunfo final, están de nuestra parte. No te rindas, por lo tanto, y sigue luchando. Recuerda: La guerra la ganan los soldados cansados.

En tercer lugar, María ante la Cruz de su Hijo adoptó un comportamiento enormemente práctico. No se sabe que pronunciara ningún discurso. Se limitó a estar allí, a aguantar el tirón de la desesperación, a ser el consuelo de Jesús cuando la buscó con la mirada y la encontró a su lado, sin haber huido como habían hecho los discípulos. Cuando murió, le recogió en sus brazos de Madre y ayudada por las mujeres le colocó en el sepulcro. Hizo lo que tenía que hacer cuando lo tenía que hacer. Estuvo en el momento oportuno en el sitio adecuado. No llegó tarde la cita con la caridad, no esperó a aparecer cuando ya todo había pasado. El amor de María por su Hijo crucificado fue, pues, un amor concreto, un amor lleno de obras, un amor de presencia y no de ausencias justificadas con ridículas excusas y pretextos.

Imitar a María al pie de la Cruz es, pues, acudir allí donde se nos necesita. Es saber estar, en el silencio a veces, con la palabra otras, con las manos llenas de amor siempre. Es mantener la paz y la esperanza convencidos de que la victoria final será nuestra. Es darle al prójimo lo que necesita, ser mensajeros del amor de Dios, ser instrumentos concretos de un amor que no se limita a la palabrería sino que lleva soluciones a los problemas, consuelo al afligido, compañía al solitario, pan al hambriento y libertad al que está dentro de las mil cárceles del alma.

Para eso es necesario volver a lo anterior, al descubrimiento de la presencia de Cristo en el prójimo que sufre. Y volver también a la imitación de María en su dimensión maternal. Si en el hermano doliente está el Señor, en ti puede estar la Madre del Señor cuando le llevas el consuelo que ella llevó a Cristo crucificado. Imita, pues, a María y no huyas ante la cruz, ante la tuya o ante la del prójimo. Imita a María y llena tus manos de buenas obras, de consuelo, de alivio para el que está crucificado. Sé la madre del que sufre, ámale como si fuera tu hijo. Ámale como María amó a Jesús. Préstale a la Virgen tu cuerpo, tu alma, tu tiempo, tu dinero, tu cultura, tus energías, lo que eres y tienes, para que Ella, a través tuyo, siga ejerciendo la eterna labor de Madre y siga visitando a los mil Cristos crucificados que yacen en los caminos, en los asilos, en los hospitales, en las colas de las oficinas de empleo, en los niños que padecen las rupturas matrimoniales de sus padres, en los emigrantes, en las prostitutas, en todos los que llevan de alguna manera la huella de su divino Hijo, la huella del dolor, la huella de la Cruz.

¿Quieres imitar a María, quieres agradar a María? Ofrécete a ser un instrumento suyo que alivie a Cristo crucificado. Verás aparecer una sonrisa en su hermoso rostro. Verás como desaparece de él una lágrima. Y la escucharás decirte la más hermosa palabra que pueda salir de sus labios: Gracias.

CAPÍTULO VI

MARÍA Y LA IGLESIA

La vida de María no terminó el Viernes Santo. Ni tampoco en la mañana de Pascua, cuando le dieron la dulce noticia de la Resurrección de su Hijo, aunque es probable que ya el propio Cristo se le hubiera aparecido al alba para disfrutar de un abrazo recíproco que premiara la fe en Él que Ella había mantenido en las difíciles horas precedentes.

María, Madre de Jesús y, desde el Viernes Santo, Madre de todos los hermanos de su Hijo, madre por lo tanto de todos nosotros, se encontró con un trabajo que se agolpaba a su puerta, que reclamaba su atención y su dedicación completa.

¿Cuál fue la relación de la Virgen con los apóstoles, cuál fue su participación en la Iglesia? Es importante saberlo para, también en eso, imitarla. En eso, incluso, más que en todo lo anterior, pues vivimos en una época en la que muchos aplican eso de «Cristo sí, Iglesia no», haciéndose un Dios a la medida, practicando la «religión del supermercado» en la que tú eliges lo que quieres creer y cuándo y cuánto quieres creer en ello. María, modelo de fe, de amor, de humildad, de esperanza, es también modelo de amor a la Iglesia, es un camino seguro para saber cómo tenemos que vivir en la Iglesia, por la Iglesia, con la Iglesia.

María, en su relación con la Iglesia, fue hija, madre y maestra. Esa debería ser también nuestra relación con ella.

María, hija de la Iglesia. O también, María miembro de la Iglesia, parte de la misma, situada dentro de ella como un elemento más, aunque esencial, destacado, notabilísimo. Los que creen que situar a María en el contexto de la Iglesia, incluirla como se hizo en el Concilio dentro del esquema que hablaba de la Iglesia —Lumen gentium— es disminuirla, minusvalorarla, no conocen a María. Su mayor orgullo no es estar por encima de la Iglesia, sino ser un miembro de ella. Siglos después, Santa Teresa acabará su vida diciendo: «Muero hija de la Iglesia». En ello había puesto todo su empeño, a través de tantos azares y dificultades, la santa de Ávila.

Ser «hija de la Iglesia», ser miembro de ella, supone una condición práctica, concreta. Supone la condición del aprendizaje, de la humildad, de la integración en la estructura, de la aceptación de la jerarquía con todas sus humanas limitaciones. No se puede pretender pertenecer a la Iglesia en tanto en cuanto ésta sea una Iglesia de santos; en ella los hay, y muchos, pero también hay pecadores. Si se ama a la Iglesia, si se desea pertenecer a ella, hay que estar dispuesto a asumir tanto su santidad como su pecado. María, la Inmaculada, la única que podía haber mirado a los apóstoles con superioridad, jamás lo hizo. Ella no pretendía dar lecciones a nadie, aún teniendo la plenitud de la Sabiduría. Ella aceptaba gustosa las indicaciones de los apóstoles, practicando quizá aquello que dice el Evangelio que hacía en los primeros años de su vida de Madre de Jesús: «María guardaba todas estas cosas y las meditaba en su corazón». No fue nunca una sabihonda que pretendió mandar. Aceptó su papel y no consideró que ser hija de la Iglesia, que obedecer a Pedro y a los demás apóstoles, fuera un desdoro. Ellos habían pecado traicionando a Jesús y luego llevaron una vida irreprochable de santidad que concluyó con el martirio, pero aunque así no hubiera sido, la Virgen habría visto en ellos no lo que eran sino lo que representaban. Y se habría acordado de las palabras de su Hijo cuando, refiriéndose a los fariseos, había dicho: «Haced lo que dicen, no lo que hacen». María no se hubiera ido de la Iglesia ni aunque hubiera vivido en la época de los papas más libertinos del Renacimiento, porque ella era miembro de la Iglesia por amor a Cristo y había sido el mismo Cristo el que había dicho: «Quien a vosotros os escucha a mí me escucha». La forma, pues, de imitar a María en su pertenencia a la Iglesia es la humildad. Una humildad que nos lleva a preferir caminar con la Iglesia y sin nuestras opiniones —en caso de que fueran diferentes de las de esta— a caminar con nuestras opiniones fuera de la Iglesia.

María, Madre de la Iglesia. La maternidad divina de María la lleva directamente a ser también Madre de la Iglesia, pues no en vano su Hijo es la cabeza de la misma. Pero, sobre todo, su maternidad se desprende del encargo dado por Cristo desde la Cruz: «Mujer, ahí tienes a tu hijo», dijo el Maestro señalando al apóstol Juan, en el que estábamos todos nosotros representados.

María ejerció su maternidad hacia la Iglesia como hacen las madres cuando tienen varios hijos: intentando unirlos. Ella estaba en Pentecostés junto con los apóstoles, quizá para evitar que se disgregaran, que se separaran y pelearan antes de que el Espíritu Santo les llenara con su sabiduría y con su fuego. La maternidad eclesial de la Virgen consistió, pues, en poner paz entre los hermanos, en excusar a uno ante el otro, en destacar lo bueno que tenía cada uno, en mediar para que las rencillas no se enquistasen. En la comunidad primitiva no tardaron en aparecer las disensiones, las diferencias de opiniones; primero fue el asunto de los paganos convertidos al cristianismo y de la observancia o rechazo de las leyes judías, como la referente a la carne de cerdo o a la circuncisión. Después, a lo largo de los siglos, vendrían otras cosas (las cuestiones cristológicas, las jurisdiccionales, las morales). En definitiva, nunca han faltado tensiones en la comunidad eclesial. Por desgracia, la unidad tan ansiada y recomendada por Cristo se ha visto rota una y otra vez. La labor de María, entonces como ahora, es la de unir, la de poner paz, la de hacer que los hermanos dialoguen y se acerquen entre ellos. Eso no significa que la Virgen nos esté aconsejando una unidad conseguida a base de ceder en la verdad. Lo que nos pide es una unidad que nazca de la caridad, del amor recíproco, del perdón, de la aceptación del otro con sus legítimas diferencias. Y en eso podemos y debemos imitarla, no solo con los hermanos separados, sino, antes incluso, dentro de la propia Iglesia católica. Hace falta un «ecumenismo interior», que nos lleve a estar unidos ante el enemigo común que es el secularismo. Una Iglesia dividida interiormente, según tendencias teológicas que camuflan con frecuencia ambiciones y luchas por el poder, no es una Iglesia preparada y dispuesta para cumplir con su misión de evangelizar. Una vez más hay que recordar las palabras de Cristo: «Padre, que todos sean uno para que el mundo crea».

Pero no acaba ahí la imitación de la maternidad eclesial de María que podemos llevar a cabo. Una madre es aquella que lucha por sus hijos, que no permanece pasiva mientras estos sufren necesidades, que arriesga su vida incluso para poder ayudarlos. Nosotros, imitando a la Santísima Virgen en su maternidad sobre la Iglesia, debemos hacer lo que ella hizo: defender a la Iglesia de sus enemigos, dar la cara por ella incluso públicamente, confesar nuestra fe en Cristo y nuestro amor a la Iglesia, ayudarla económicamente con generosidad para que no tenga que depender de los poderes públicos que a veces intentan condicionarla y, sobre todo, evangelizar. Amar a la Iglesia como si fuera nuestra «hija», representa cuidar de ella, atender sus necesidades, desvivirnos por ella, excusar sus defectos sin que por ello los bendigamos, destacar sus virtudes, intentar que otras personas la conozcan y la amen como nosotros la amamos. En definitiva, hacer lo que hace cualquier madre por su hijo o por su hija, que le ama tanto que está dispuesto a dar la vida por él o por ella si hiciera falta.

María, Maestra. María era un miembro de la Iglesia y en eso estaba su principal alegría y su principal satisfacción. Ella, el modelo de humildad, no tenía ningún deseo de estar por encima de nadie. Pero no era un miembro cualquiera. Ella es el Trono de la Sabiduría, la Reina de los Apóstoles, de los Mártires, de las Vírgenes y de los Confesores. Sabiendo esto, debemos preguntarnos cómo ejercía la Virgen ese magisterio en la Iglesia, para intentar hacer nosotros lo mismo.

El magisterio de la Virgen, tan reiterado después a lo largo de los siglos en tantas y tantas apariciones, comenzó en realidad en las bodas de Caná. María, al dirigirse a los criados, les dice, refiriéndose a Jesús: «Haced lo que él os diga». Y eso es, en lo esencial, lo que ha venido repitiendo desde entonces. Ella, maestra de la Iglesia, se dirige siempre a sus hijos para invitarles a la conversión, para animarles a que pongan a Cristo en el primer lugar de su vida. Ese es su magisterio, su enseñanza. Una enseñanza que no solo predica, sino que es la primera en poner en práctica.

Pero, ¿cómo hacer eso en lo concreto de cada día?. Creo que en los tiempos presentes nos puede resultar algo más fácil que en los inmediatamente posteriores al Concilio Vaticano II. Digo esto porque hoy tenemos en la Iglesia un tesoro de valor incalculable: el nuevo Catecismo, emanado del Vaticano II e impulsado y aprobado por Juan Pablo II. No han desaparecido aún las confusiones del posconcilio, las sombras que amenazaban las luces de la aplicación de los decretos conciliares. Sin embargo, siempre en cualquier tipo de duda, podemos acudir al Catecismo y saber con certeza qué opina la Iglesia sobre los asuntos más controvertidos, tanto del dogma como de la moral. Cuando a veces nos encontramos con sacerdotes que, quién sabe por qué, enseñan teorías contrarias a las de la Iglesia, podemos y debemos recurrir al Catecismo para decirles —o al menos saberlo nosotros— en qué consiste la verdadera doctrina católica. No hay dos o más Iglesias católicas. Hay solo una. Una única Iglesia católica, apiñada en torno al Papa que representa a Jesucristo, y también en torno a los obispos, sucesores de los apóstoles, en unidad con el Papa. Una única Iglesia católica, con un cuerpo de doctrina dogmática y moral, que se puede rechazar si uno no desea ser católico, pero que no se puede manipular para elegir de él lo que a uno le conviene, con la pretensión de pertenecer a la Iglesia cuando, en realidad, lo que se ha hecho es crearse una religión a la medida de las propias conveniencias.

El magisterio de María, por lo tanto, nos remite continuamente al verdadero magisterio de la Iglesia, recogido de modo inigualable en el nuevo Catecismo. María es Maestra nuestra porque nos enseña a amar y porque nos enseña, de modo particular, a amar a la Iglesia. Nos enseña a obedecer a su Hijo y a obedecer a los que representan a su Hijo. Es imposible querer a la Virgen, alegrarla con nuestro comportamiento, si no permanecemos dentro de la Iglesia, unidos a los sucesores de los apóstoles y al Papa, vicario de Cristo en la tierra.

Dentro de este capítulo que nos habla de la relación de la Virgen con la Iglesia, debemos introducir un apartado importante: la relación de Nuestra Madre con los sacramentos de la Iglesia.

Nuestra ignorancia acerca de tantos y tantos detalles de la vida de la Virgen nos impide decir muchas cosas con la certeza que tendríamos si hubieran quedado recogidos en los Evangelios, en los Hechos de las Apóstoles o en las Cartas. Sin embargo, algunas cosas sí podemos afirmar, bien porque son de pura lógica, bien porque se desprenden de lo que conocemos de Nuestra Madre gracias a los dogmas de fe. Por ejemplo, sabemos que la Virgen no se confesó nunca, pues ella es la Inmaculada; no obstante, nuestra imitación de ella sí pasa por la confesión, y por la confesión frecuente, precisamente para, gracias a ese sacramento, volver a ser parecidos a ella y volver a recuperar el estado de gracia perdido por nuestros pecados.

Lo que sí practicó María fue el sacramento de la Eucaristía. Ignoramos si los apóstoles celebraban misa diariamente o solo los domingos, en recuerdo de la resurrección del Señor. Quiero pensar que, una vez iluminados por el Espíritu Santo en Pentecostés, comprendieron la extraordinaria grandeza del milagro de la Eucaristía e hicieron de él la principal fuente de su relación con Cristo. La principal, digo, no la única, pues también estaba la palabra de Dios, a la que tan aficionados eran los judíos, y la presencia del Señor en el hermano que sufre, entre otras.

La relación de la Virgen con la Eucaristía es un pozo de sabiduría todavía poco explorado. En este punto, de una manera singular, Ella se convierte para nosotros en una gran maestra, en un modelo a imitar de extraordinario valor.

Hoy corremos el riesgo de «conceptuar» la Eucaristía, como hemos «ideologizado» al mismo Cristo, convirtiéndole en una especie de bandera, de programa político. Quiero decir que nos ronda la tentación —en la que tantos han caído— de ver la Iglesia y la Eucaristía desde sus aspectos periféricos, verdaderos pero secundarios. Podemos contemplar la Eucaristía y verla como el «sacramento de la unidad» o como el «sacramento de la caridad», cosas ambas auténticas, pero, repito secundarias en tanto en cuanto son consecuencia de otra, la original, que es primaria y causa de ellas.

La Eucaristía no es un concepto, ni tan siquiera un alimento. O al menos no es solo y principalmente eso. Cuando se la compara con el maná del desierto que comieron los israelitas para sobrevivir, cuando se dice de ella que es como la gasolina que hace andar el motor de nuestra vida, cuando se afirma que restaura nuestras fuerzas y nos sirve de consuelo, se están afirmando verdades, pero, hasta cierto punto, se está corriendo un grave peligro: el de la conceptualización, el de la ideologización, el de la cosificación. Y la Eucaristía, repito, ni es un concepto ni es una idea ni es una cosa.

La Eucaristía es, ante todo y sobre todo, una persona. La Eucaristía es Cristo, el Hijo de Dios vivo, segunda persona de la Santísima Trinidad, Dios verdadero y hombre verdadero, Hijo de Dios e hijo de María. Ese es el origen de todo lo que representa la Eucaristía y lo demás o está relacionado con eso o es un montaje ideológico que nos hemos fabricado.

La Eucaristía es Cristo, un ser vivo, una persona —la divina— que reúne en sí la naturaleza divina y la humana. Como tal, tiene sentimientos, necesidades, alegrías y tristezas. Contemplar la Eucaristía solo como «alimento», es «cosificarla», transformarla en una cosa. Y las cosas, los objetos, se usan o se dejan de usar solo en función de las propias necesidades, pues ellas, por sí mismas, ni sienten ni padecen pues no son seres vivos. Uno puede beber o no beber; si lo hace restaurará sus fuerzas y si no lo hace corre el riesgo de morir exhausto. Pero, en ningún caso, la bebida se inmuta, porque la bebida no está viva. En cambio, cuando se trata de ir, por ejemplo, a visitar a un familiar anciano al asilo donde está recogido, no se trata solo de los propios sentimientos sino que también hay que tener en cuenta los sentimientos de él, la necesidad que tiene de estar acompañado, la tristeza que le embarga al pasar tantas horas solo.

Hay que aprender a tratar a la Eucaristía como lo que es, como una persona, como un ser vivo, como Cristo el Señor. Y en esto, como he dicho antes, la Virgen es una auténtica maestra. Y lo es precisamente porque es su Madre. Estoy convencido de que, una vez iluminada su inteligencia por el Espíritu Santo y sabiendo que en el pan y en el vino consagrados por los apóstoles estaba su Hijo, no se separó de Él en la medida en que podía hacerlo. ¿A dónde iba a ir que estuviera más a gusto que con su Hijo y con su Dios?. ¿Se imagina alguien que la Virgen, consciente de la presencia real de Cristo en la Eucaristía, dejara de ir a comulgar un domingo —o un día de diario, en el caso de que los apóstoles celebraran la Misa diariamente—. Muy mal tendría que estar ella para no acudir a la celebración eucarística en la que se reunía la incipiente comunidad cristiana para dar gracias y «partir el pan», sinónimo precioso de la comunión con el Cristo recién consagrado por las manos sacerdotales de los apóstoles. Y en el caso de que ella, enferma, no pudiera acudir, estoy seguro de que el sacerdote iría sin faltar junto a su lecho para llevarle el consuelo de la presencia real de su divino Hijo.

Pero, precisamente porque la Virgen creía en esa presencia real, no mantenía una relación con su Hijo hecho Eucaristía de una sola dirección: la del interés propio, la de un cierto egoísmo. Dado que Él estaba allí, no solo era ella la interesada en comulgar. La Virgen comprendió que la presencia de Cristo en el pan y en el vino se debía, por un lado, a su deseo de ayudar a los hombres, de servirles de consuelo y fortaleza para la lucha de la vida, pero también a la necesidad del propio Cristo de no separarse definitivamente de aquellos a los que tanto quería, empezando por su Madre. Comulgar, por lo tanto, no era solo ir a recibir a Jesús para fortalecerse, sino también era ir a recibirle para darle a Él la alegría de estar con el comulgante, contigo, conmigo. En cada comunión eucarística hay una doble comunión, la tuya con Cristo y la de Cristo contigo. Y si tú, porque has llegado a amarle mucho, deseas esa comunión con toda tu alma y ya no puedes pasar sin ella, imagínate lo que la desea Él, pues, por mucho que tú le quieras, nunca llegarás a igualar su amor por ti.

A la Eucaristía hay que ir, por lo tanto, no como el que se acerca a un bar a buscar un refresco o a un restaurante a que le sirvan una comida. Hay que ir como el que acude a un hospital a ver a un enfermo, o a la casa de un amigo a reunirse con él. Tú tienes ganas de ver a tu amigo, pero él también tiene ganas de verte a ti. En este caso, siempre, más que tú a él.

Cuando comulgas, le dejas a él comulgar contigo. Cuando no comulgas, le impides a Él entrar en ti. Le impides ayudarte —y en eso sales tú perjudicado—, pero le haces sufrir pues él necesita estar contigo y de verdad lo pasa mal cuando no puede estar a tu lado para servirte de ayuda y de consuelo.

Pues bien, esa fue la relación de María con la Eucaristía. Una relación auténtica, de persona a persona, de corazón a corazón, de Inmaculado Corazón a Sagrado Corazón. Y todo lo demás venía por añadidura. Las consecuencias se desgranaban de manera lógica: la Eucaristía como alimento, la Eucaristía como símbolo de unidad entre los hermanos reunidos en torno a una misma mesa y a una misma doctrina.

A propósito de esto último, conviene recordar que para con mulgar con Cristo en la Eucaristía hay que comulgar antes con Él de dos maneras diferentes y complementarias. Ambas las practicó la Virgen puntualmente y a la perfección. La comunión Eucarística debe estar precedida por la comunión en la fe y por la comunión en el amor. Y eso porque comulgar es, también, estar de acuerdo con alguien, coincidir con alguien en aquello en lo que se comulga. Si no se da esa coincidencia se da justo lo contrario, la divergencia. Cuando la divergencia es en lo esencial, no puede haber comunión, pues sería como poner una venda a una herida que no está curada, con lo cual esta se pudriría y empeoraría. La comunión eucarística es, a la vez, punto final y punto de partida. Punto final, porque para practicarla supone las dos comuniones citadas; punto de partida, porque se empieza de nuevo cada vez que se comulga, con fuerzas renovadas para seguir luchando por Cristo y por su Reino de paz y de justicia.

La comunión en la fe supone que se acepta la fe de la Iglesia en su integridad, incluidas las normas éticas que de esa fe se desprenden y que con tanta sabiduría exponen los sucesivos Pontífices y también los obispos, sucesores de los apóstoles. La fe, que, como se ha dicho antes, está contenida en el Catecismo de la Iglesia. No puedo ir a comulgar con Cristo Eucaristía sin estar de acuerdo con Cristo que nos habla a través de la Iglesia —«quien a vosotros os escucha a mí me escucha»— en cuestiones esenciales. Y este es el motivo por el cual la Iglesia no puede aceptar en la comunión eucarística a los hermanos de otras confesiones cristianas, a pesar del dolor que a ambas partes eso les produce.

Comulgar en el amor significa estar en gracia de Dios, sin pecado mortal. ¿Cómo puedo pretender estar en comunión con Cristo, darle ese abrazo íntimo que supone permitir que él entre dentro de nosotros, si estoy a la vez separado gravemente de Él? ¿Cómo puedo pretender la amistad con Cristo si mantengo en mi corazón odio hacia mi hermano, hermano también de Cristo? Es el mismo Señor el que nos dice: «Si al ir a dejar tu ofrenda en el altar te acuerdas de que tu hermano tiene algo contra ti, vete primero a reconciliarte con tu hermano y vuelve luego a depositar tu ofrenda». Dicho de otro modo, vete a confesar primero, al menos si la herida que le has causado al prójimo es grave, y luego ve a darle a Cristo el abrazo eucarístico.

Comunión de fe y comunión de amor. Dos condiciones previas a la Eucaristía que la Virgen practicó. No le costó mucho, quizá, hacerlo. Pero aunque le hubiera supuesto un esfuerzo titánico, lo hubiera llevado a cabo sin dudar un instante.

¿Podía haber algún obstáculo que ella no removiera con tal de estar junto a su adorado Hijo, junto a aquel que era a la vez su criatura y su Dios? Y nosotros, ¿seremos capaces de amar a Jesús, presente en la Eucaristía, con un amor como el de la Virgen? Si lo hiciéramos, tantos obstáculos se vencerían y tantas excusas se diluirían como hielo en verano. La fuerza de nuestro amor por Cristo vencería todas las dificultades y estaríamos allí, junto a su altar, con el resto de los hermanos, cada día si es posible, para darle gracias a Dios por su amor, para rendirle un culto de alabanza, para reafirmar nuestra solidaridad con el que sufre, para presentarle nuestras intenciones, para alimentarnos de su palabra y, sobre todo, sobre todo, para dejarnos consolar por Él, cuidar por él, abrazar por Él y, a la vez, para darle nosotros el consuelo que Él, eterno mendigo de nuestro amor, necesita.

Resumiendo este tema de la relación de la Virgen con la Iglesia, recordamos que podemos imitar a María trabajando por la unidad de la Iglesia, que es lo que siempre hace una madre con los miembros de su familia. Imitamos a María como «hija» de la Iglesia, obedeciendo. La imitamos como «madre» de la Iglesia, defendiéndola y desviviéndonos por ella. La imitamos como «maestra», ofreciendo el buen ejemplo de nuestro comportamiento y aceptando el Magisterio de la Iglesia. Y dentro de la relación con la Iglesia está la práctica de los sacramentos, sobre todo de la penitencia y de la Eucaristía. La penitencia nos devuelve al estado de comunión con Dios de que siempre gozó la Inmaculada. La Eucaristía debemos contemplarla con los ojos de María, de la Madre; en la Eucaristía está Cristo, es Cristo, y por ello acudimos a comulgar —diariamente si es posible— para estar en compañía del ser más amado y para permitirle a Él que esté en nuestra compañía, que tanto desea porque nos ama más que nosotros a Él. Esta visión de la Eucaristía nos introduce en la verdadera espiritualidad, en el auténtico espíritu de oración. La Eucaristía es oración, en la medida en que es encuentro personal e íntimo con Cristo, y el resto de la oración es prolongar a lo largo de la jornada el efecto benéfico de la Eucaristía.

CONCLUSIÓN

Para comenzar este resumen, quiero recordar la frase que dice el sacerdote justo cuando termina el canon, antes de rezar el Padrenuestro: «Por Cristo, con Él y en Él, a ti, Dios Padre Omnipotente, en la unidad del Espíritu Santo, todo honor y toda gloria por los siglos de los siglos». Las dos primeras exclamaciones constituyen dos de los puntos de la espiritualidad que he intentado exponer, la de la imitación de la Santísima Virgen.

En primer lugar, tenemos la expresión «por Cristo». Como ya he dicho, una de las claves de esta espiritualidad, uno de sus objetivos, es la de ayudar a los cristianos a llevar una vida espiritual, a tener motivaciones religiosas en su comportamiento, tanto en el cotidiano como en el extraordinario. Hacemos frente así a esta oleada de secularismo, que busca quitar a Dios del corazón del hombre, de las motivaciones del hombre. Una forma de aplicar esto es renovando la intención por la cual hacemos las cosas; de ahí que utilicemos la fórmula «por ti» refiriéndonos a Cristo; fórmula que pertenece a nuestro patrimonio espiritual y que es muy eficaz, porque nos ayuda a vivir permanentemente en lo sobrenatural, cuando estamos ante el Santísimo, cuando ayudamos al pobre y, del mismo modo, cuando hacemos las cosas más corrientes. El «por ti, Jesús» es ese «por Cristo» que dice el sacerdote al terminar de rezar el canon de la Misa.

La otra fórmula de la que he hablado es «con Cristo». Acordaos de que en el dolor hay una cierta Eucaristía, quizá un poco «amarga», pero que produce en nosotros un gran efecto de alivio. El dolor es el vehículo que conduce una cierta presencia de Jesús, presencia misteriosa pero que llega cuando más la necesitamos, cuando precisamos que alguien introduzca su hombro bajo nuestro yugo para compartirlo con nosotros y aliviarlo. Ya he dicho que la fórmula para reconocer y para abrazar a Jesús es decirle: «Estoy dispuesto a estar así toda la vida con tal de estar contigo». También he dicho que hay que tener cuidado de no caer en el masoquismo, puesto que el dolor es en sí una realidad negativa contra la cual hay que luchar, tanto cuando está en nosotros como cuando está en los demás; sin embargo, cuando el dolor es inevitable, entonces es Cristo el que viene a aliviarnos y lo hace con esa presencia suya en el sufrimiento que se convierte en un auténtico tesoro de comunión con él. Es entonces, una vez identificado, que podemos decirle: «contigo». Contigo en mis sufrimientos y contigo en el prójimo que sufre, aliviándome tú a mí en mis dolores y aliviándote yo a ti en los que padece mi hermano.

Estas dos «fórmulas» de nuestra espiritualidad son justo las que el sacerdote dice al acabar el canon: «por Cristo», «con Cristo»; «por ti, Señor», «contigo, Señor»: «Por ti, Señor, trabajo, lucho, evangelizo, perdono, pido perdón, rezo, amo...; contigo, llevo la Cruz; contigo alivio la Cruz del hermano, porque contigo la Cruz es más ligera y sin ti, ni yo ni el prójimo, podemos soportarla».

Pero nos falta la tercera parte de la oración: «en Él». ¿Cuándo llegaremos a estar en Cristo? Llegaremos a estar en Cristo de manera plena cuando, después de nuestra muerte, nos encontremos cara a cara ante el Señor. Ahora estamos en ese camino hacia la identificación total con Cristo, aunque, precisamente gracias a la comunión eucarística, que viene precedida por la comunión en la fe y en el amor, estamos ya introducidos «en Él» y Él en nosotros.

El «por Cristo» y el «con Cristo» no preparan para estar el día de nuestra muerte en Cristo y para poder estar en Él a través de la Eucaristía. «Por Cristo, con Él y en Él», ahí se resume toda la espiritualidad cristiana, todos nuestros anhelos de comunión con el Señor, deseos que nacen del amor que tenemos a quien tanto nos ha amado. Es muy hermoso que dos de las fórmulas clave de nuestra espiritualidad nos preparen para esa otra vida definitiva que todos vamos a tener, y que ojalá sea una vida definitiva en Cristo y no alejados de Él.

Pero todavía falta algo más, falta otro adverbio que, en este caso, no está incluido en la fórmula de la liturgia. Falta el «cómo» Y falta porque ese «cómo» hace referencia al camino que hay que seguir para llegar a la identificación plena con Cristo, y ese camino es tan variado como distintas son las legítimas espiritualidades que hay en la Iglesia. Todas conducen, como los rayos del sol, a un único punto de destino, pero siguen senderos diferentes para poder atraer a aquellos que, siendo distintos entre sí, no encontrarían su camino hacia Dios si solo existiera uno.

Ese «cómo», que hace referencia a la forma de actuar, a la forma de aplicar el único Evangelio a la vida cotidiana, para nosotros es María. Nosotros amamos a Cristo como María, como le amó María; por eso es tan importante su figura en nuestra espiritualidad. Nunca he entendido los recelos de algunas iglesias, de algunas sectas y de algunos católicos hacia la Virgen; y tampoco entiendo por qué las feministas no eligen a la Virgen como bandera, pues no hay en la historia de la Humanidad ninguna mujer tan nombrada como Ella; ninguna que haya sido representada gráficamente tantas veces como

Ella; no ha habido nunca una mujer tan famosa y tan influyente como Ella; y, además, no ha habido ninguna mujer que fuera realmente un prototipo de mujer como lo fue Ella, que recorrió todas las etapas que puede recorrer una mujer o un hombre de una manera auténticamente ejemplar. Por lo tanto, no comprendo la animadversión hacia laVirgen por parte de algunos sectores de dentro y de fuera de la Iglesia católica o por parte, por ejemplo, de las feministas, porque me parece que María es tan sugestiva y tan atractiva, que conquista y enamora el corazón. Pero, sobre todo, me parece que no hay ningún modelo mejor que la Virgen para cualquier persona que quiera amar a Cristo, porque nadie ama más a otra persona que una madre a su hijo. El amor de una madre es firme, seguro, no desaparece nunca. Por lo tanto, para nosotros, que tenemos esas dos claves de espiritualidad, «por Cristo» y «con Cristo», que son tan importantes que vienen recogidas como conclusión del canon, como modelo de espiritualidad ofrecido en la Eucaristía, no hay un ejemplo mejor que el de María, porque nadie amó a Jesús como lo amó Ella.

En la *Piedad* de Miguel Ángel vemos a la Madre sosteniendo al Hijo. No era la primera vez que la Virgen llevaba al Hijo en brazos, lo había llevado mucho tiempo en Belén, lo había llevado cuando huían desde Belén hacia Egipto, lo había salvado y protegido en muchas ocasiones. Ahora lo tiene muerto en sus brazos, pero no lo ha abandonado. Este modelo de amor al Hijo representa que hay que saber estar, que no hay que huir, y que hay que estar como Ella: sin gritar, sin desesperarse, sin amenazar, sin perder la fe, sin perder la esperanza, sin perder las ganas de luchar, sin perder el coraje... Éste es un modelo completo, acabado, perfecto, de cómo tengo que amar a Cristo. Fijaos bien: Cristo es el punto final. No estamos haciendo de la Virgen un ídolo, deificándola, como algunos falsamente nos acusan a los que amamos a María; la Virgen no es Dios y no está en el lugar de Dios; es una criatura, una obra de Dios, su salvación le viene de Dios igual que la nuestra, por más que Ella fuera Inmaculada por privilegio. Por lo tanto, no es que esté por encima de Dios o a la altura de Dios, pero nadie ha amado a Dios como Ella, nadie ha amado al Hijo como Ella. Por eso decimos que no hay otro modelo mejor para amar a Dios que el modelo que nos ofrece la Virgen María. Bastaría, entonces, con que, tanto ante las grandes dificultades como ante situaciones menos importantes, te preguntases cómo haría la Virgen, qué haría la Virgen en este momento, cómo perdonaría, cómo defendería la verdad, cómo defendería lo justo, cómo defendería a la Iglesia, cómo procuraría la unidad, cómo intentaría poner paz, cómo intentaría ayudar al Cristo crucificado desconocido o al conocido, al que vive contigo o al extraño...; cómo haría María para amar, para proteger, para educar, para consolar a Jesús.

Por eso, cuando en nuestra espiritualidad hablamos de que María lo es todo, no decimos que esté por encima de Dios o de Jesús, lo que sería una herejía y un absurdo, sino que Ella es nuestro punto de referencia para comportarnos como lo hizo Ella hacia Jesús. Se nos aparece permanentemente como en las bodas de Caná, cuando les dice a los criados de la casa: «Haced lo que Él os diga». Esa es la voz y el mandato permanente de la Virgen: «Ama a mi Hijo, ocupa mi lugar para adorar a mi Hijo, para acompañar a mi Hijo cuando está solitario en el Sagrario, para consolarlo cuando está sufriendo, para acogerlo entre tus brazos cuando ha muerto».

Lo que en realidad pretendemos es hacer un ejército para la Virgen María. Yo creo que los ejércitos no deben estar para la guerra, sino para la paz, y de ellos me gusta su sentido del orden, de la disciplina. Tiene que ser, pues, un ejército ordenado, disciplinado, con un propósito muy concreto: imitar a María en el amor a Jesús.

Queremos hacer un ejército que ocupe el lugar de María y que no abandone a Jesús, que socorra a Jesús; un ejército que evangelice, que esté al lado de los pobres, que defienda a la Iglesia, que ame al Papa, que esté al lado de los obispos...; un ejército que esté en su propia casa, pero también fuera de ella; que atienda a los próximos, pero también a los alejados; que piense en los que son de su sangre en primer lugar; pero también en los que no son ni siquiera de su país. Es decir, un ejército que ocupe el lugar de María. Y la Virgen tendría que poder contar con nosotros, que nos hemos alistado a este ejército, para estar al lado de Jesús. A veces será difícil defender la trinchera que nos ha deparado la vida, pero entonces recordaremos que María no huyó, que se quedó al lado del Hijo que moría en la Cruz. Y nosotros, por imitación a Ella, nos quedaremos también junto al prójimo necesitado, junto al marido pesado, junto a la mujer gruñona, en el trabajo difícil, con la enfermedad que hiere nuestro cuerpo, sin tirar la toalla en la lucha por la santidad, viviendo con austeridad para compartir nuestros ahorros con los que tienen hambre, con los que no tienen vestido. María se queda siempre al lado de su Hijo y así debemos hacer nosotros.

A cada uno de nosotros se nos ha confiado en la vida un campo de batalla, y ahí tenemos que estar, como María, para servir a Jesús. Hay ocasiones en las que, por la gravedad de la situación, conviene abandonar la trinchera (pienso, por ejemplo, en el caso de una mujer golpeada sistemáticamente por su marido, que pide la separación matrimonial para que este no la mate). Pero, ¡con qué facilidad emprendemos hoy en día el camino de la huida y abandonamos nuestras obligaciones! Dar la espalda no es nuestro camino, porque no ha sido nunca el camino de la Virgen. Por Cristo, con Cristo, como María: ahí está el nuevo y a la vez eterno camino de perfección que queremos ofrecer a todos los que se sientan atraídos por la Madre de Cristo.

Que Dios te ayude a conseguirlo y que la Virgen te recompense tu amor con su ternura de Madre y con sus dones, a ti y a todos los que se ofrecen a ser canales de ella, instrumentos de ella, para servir y amar a su Hijo.

ANEXO

LAS DOCE ESTRELLAS DE LA CORONA

Hemos visto a la Virgen como modelo a imitar para avanzar en el camino de la santidad. Un modelo excelso y, a la vez, asequible. Ella recorrió todas las etapas que puede vivir un ser humano: niña, joven, adulta, soltera, casada, viuda, madre que goza de su hijo y madre que sufre al perderlo. Recorrió también todas las etapas de la vida cristiana, pues supo de buenos y malos momentos, de alegrías y de profundas angustias, de éxtasis tanto como de espadas que atraviesan el corazón. Por eso, los cristianos de todas las épocas han visto en ella no solo la intercesora, la madre, sino también un punto de referencia, una luz en la noche de la vida que nos sirve de faro seguro para avanzar sin temor a extraviarnos.

Resumiré ahora, en doce virtudes que son las joyas de la corona que nimba la cabeza de Nuestra Madre, los puntos esenciales que configuran la espiritualidad mariana. Doce, como meses que tiene el año, pues bastaría con tomar uno tras otro como propósito mensual para progresar en la santidad.

Modelo de fe

La primera virtud en que debemos imitar a María es su fe. Como ya hemos dicho, se trata de una fe completa, de una fe que integra los contenidos revelados por Dios en el Antiguo Testamento y los revelados por Cristo en el Nuevo Testamento.

Imitaremos a María en su fe creyendo que Dios existe y que Dios es el Señor de todo lo que existe, el Creador y el Omnipotente. Por esta fe creeremos que Dios no se desentiende de la suerte de sus hijos y, por la misma fe, aceptaremos que en ocasiones no podemos entender los planes de Dios y aprenderemos a convivir con el misterio, con la insondable realidad de un Dios que por ser tal se nos escapa siempre y no se deja atrapar en las pequeñas redes de nuestra razón y nuestra lógica.

Pero la fe de María nos enseñará también a creer que ese Dios tan grande y poderoso es, a la vez, cercano y amable. El Dios Señor es también Dios Padre. Es el Dios «papá», el Dios lleno de ternura y misericordia que ama tanto al hombre que entregó a su propio Hijo para salvar al hombre, y no porque este se lo mereciera por sus muchas virtudes, sino por que Él es su Creador y su Padre.

María se alza, con esta virtud, ante nosotros revestida de la coraza inexpugnable de la fe. Una fe tanto más necesaria cuanto más difícil es creer que Dios existe y Dios te quiere. Ella, en Nazaret, en Belén, en Egipto, en el Gólgota, es la que no duda, la que se dice y nos dice continuamente: «A pesar de las apariencias, a pesar de las circunstancias, a pesar de la realidad, creo que no estoy sola, creo que Dios existe y que no me ha abandonado. Creo que Dios es mi Padre y me ama».

Modelo de esperanza

Ligada a la fe está la virtud de la esperanza. Una virtud que nos sirve de extraordinaria ayuda en los momentos más difíciles, pues nos permite gozar de lo que no tenemos, simplemente porque sabemos que lo vamos a tener, que no tardaremos en tenerlo.

La esperanza nos socorre, nos auxilia, nos mantiene en la lucha, nos sostiene en la alegría. Imitando a María en esta virtud, nunca estaremos «desesperados», es decir, nunca entraremos en el camino de la rendición, nunca abandonaremos la lucha, nunca dejaremos de creer que lo que Dios nos ha prometido lo cumplirá.

Conviene, eso sí, tener muy claro cuál es el contenido de la esperanza, cuáles son las promesas que Dios nos ha hecho, para no esperar en vano, para no aguardar algo que nadie nos aseguró que se nos daría.

María no esperó en los milagros –y los tuvo—, no esperó en los éxitos —y no le faltaron—, no esperó en gozar de una salud perpetua, en no envejecer, en ser la más rica de Israel, en tener fama y poder. Quizá una parte de nuestros problemas proceden de que hemos puesto nuestra esperanza en la posesión de ese tipo de cosas, que no son necesariamente malas, pero que desde luego no forman parte de lo que Dios ha prometido a los que le siguen.

La Virgen ni siquiera esperó que su Hijo se viera liberado de la Cruz por una intervención extraordinaria de una legión de ángeles. Ella sabía que Él debía morir, pues había escuchado atentamente lo que el propio Cristo había explicado reiteradamente a sus discípulos.

La esperanza de María, la virtud en la que la podemos imitar para recibir el consuelo y la alegría, consistía en saber que después de la Cruz venía la Resurrección, que había otra vida después de la muerte, que volvería a ver a su Hijo, que la bondad y la justicia terminarían por imponerse en el mundo, que el amor era el único camino válido para que los hombres pudieran transitar por él, a pesar de que en tantas ocasiones pareciera más el camino del fracaso que el del éxito.

Nuestra esperanza debe estar puesta en lo mismo que sostuvo a la Virgen: la certeza de la vida eterna, la seguridad de que el juicio va a ser hecho desde la misericordia, la confianza en que Dios no abandona a su pueblo, el convencimiento de que no estamos solos ni en la lucha contra el mal en el mundo ni en la lucha contra el pecado que intenta triunfar en nuestro propio interior. Esa esperanza es la que no defrauda. Esa es la esperanza de la Virgen María.

Modelo de amor

En realidad, el amor es una virtud que engloba a todas las demás, porque María no hizo otra cosa en su vida más que amar. La humildad es una forma de amar, lo mismo que la generosidad y la misericordia. María amaba cuando rezaba tanto como cuando visitaba a las vecinas enfermas. Era modelo de amor cuando cuidaba de su casa del mismo modo que lo era cuando intercedía ante su Hijo para que este hiciera un milagro con el que ayudar a unos novios en apuros en Caná. María amaba siempre y solo fue capaz de amar. El pecado —la falta de amor— no tuvo nunca cabida en su corazón. Por eso, y no solo porque no fue manchada con ninguna falta de castidad, le damos el dulce título de Inmaculada.

Pero el amor se reviste, en María, de dos notas muy concretas: la laboriosidad y la generosidad. La primera nos invita a darnos cuenta de que el trabajo no es para un cristiano una maldición, sino una forma de amar y de servir. Cualquier trabajo honrado, por humilde que sea, puede transformarse en un acto de amor, en un acto de servicio. Es, naturalmente, una manera legítima de ganarse la vida, de sacar adelante a la propia familia. Pero es también una forma de amar, una forma de ayudar al prójimo. El médico, el abogado, el arquitecto, el político, el periodista, lo mismo que el taxista, el fontanero, el albañil, el campesino o el ama de casa, pueden llevar a cabo su tarea cotidiana siendo conscientes de que, al hacerlo, prestan un servicio a la sociedad en general y al prójimo que tienen delante en particular.

La generosidad, por su parte, nos ayuda a compartir lo que tenemos con los que no tienen y necesitan. Es un acto de justicia hacerlo así, pues en realidad todo procede de Dios y nosotros solo somos administradores de unos bienes, no sus dueños. La madre Teresa de Calcuta, a propósito de esto, decía con claridad y con fuerza que había que dar «hasta que doliera». No basta, pues, con dar limosna de lo que sobra, de lo que no se necesita, como el que da de comer al hambriento de las sobras que quedan en su plato, por muy abundantes que sean esas sobras. Hay que dar hasta que duela, porque al que te pide ayuda le está doliendo; ahí, en el dolor, ya puedes pararte, pues seguir rompería el equilibrio y, como decía San Pablo, no se trata de que ahora seas tú el que pasa necesidad. Y hay que dar no solo el dinero, sino también el tiempo —tan escaso y tan preciado—, las cualidades, la cultura, la posibilidad de hacer favores en función del cargo que se ocupa y tantas y tantas cosas que se tienen y que son susceptibles de convertirse en un don para los demás.

Modelo de agradecimiento

De todo lo anterior, especialmente de la fe en el amor de Dios y de la experiencia que tenemos de ese amor, brota o debería brotar, de forma natural una actitud, un sentimiento, un comportamiento: el agradecimiento. Si fuéramos como deberíamos de ser, nuestra vida sería una continua acción de gracias, una continua eucaristía. Incluso aquellos que no han sido beneficiados en el reparto de dones materiales, de salud, de posición, de inteligencia, de cultura, también tienen motivos de agradecimiento. El primero de los cuales es precisamente el que Dios ha dado la vida por cada uno de nosotros, con lo cual nos ha abierto el camino del Cielo.

No se puede decir que la gratitud sea una virtud muy en boga. Como ya he dicho, en nuestra época sabemos pedir y sabemos exigir, pero no sabemos agradecer. Ni a Dios ni a los hombres. Porque no sabemos agradecer, no tratamos bien a nuestros padres o a nuestra patria. Porque no sabemos ser agradecidos, tantos abandonan a sus esposas —o a sus maridos— cuando han mejorado de posición económica y pueden encontrar una pareja más joven, olvidando que ella —o él— dejó los mejores años de su vida y a veces su salud y su propio futuro profesional para ayudarle a encumbrarse y para educar a los hijos que tenían en común.

Estoy seguro de que eso no fue lo que le sucedió a la Virgen. Ni siquiera en los momentos más duros, más amargos. Estoy convencido de que, por ejemplo, en las horas que transcurrieron entre la sepultura de Cristo y su resurrección, la Virgen no pasó el tiempo haciéndole reproches a Dios, sino dándole gracias por los años transcurridos junto a su Hijo. Y es que el que sabe agradecer, en lugar de fijarse en lo que ya no tiene, recuerda lo que tuvo para dar gracias por ello, consciente de que no lo merecía y que si lo disfrutó fue por benevolencia divina.

Si imitáramos a María en esta virtud, en esta actitud, estoy convencido de que desparecería la crisis vocacional. Los jóvenes ya no se dirían a sí mismos: «Si puedo ser un buen cristiano estando casado, ¿por qué me voy a hacer religioso o sacerdote?». Por el contrario, le dirían al Señor: «Quiero darte todo lo que puedo, no aspiro a darte los mínimos sino los máximos. Dame fuerzas, Señor, para ayudarte en aquellas necesidades que tienes, para ser no lo que más me gusta sino lo que más te conviene».

La gratitud nos hace disfrutar enormemente de lo que tenemos, disfrutar de verdad de la vida, pues nos lleva a ser conscientes de lo que mucho que hemos recibido. Pero es que, además, nos sitúa ante Dios no como ante alguien que viene a robarnos lo nuestro —tiempo, dinero, hijos...—, sino como ante alguien a quien somos nosotros los que deseamos darle todo lo posible, porque se lo merece con creces.

El agradecimiento, además, es la forma perfecta de la virtud de la justicia. Ser agradecidos para con Dios es ser justos, pues no hay justicia posible si no se es agradecido para con tanto nos ha dado. Esa justicia, ese agradecimiento, lo practicaremos, a partir de ahí, con los demás. Ser justos para con Dios nos llevará a ser justos para con el prójimo, porque ¿cómo podemos ser justos con el hermano si no lo somos con Dios, al que le debemos todo?

Por eso el agradecimiento hay que plantearlo desde la perspectiva de la justicia o, lo que es lo mismo, desde la perspectiva del cumplimiento del deber. Cuando soy agradecido para con Dios, no hago nada extraordinario, me limito a cumplir una obligación, aquella que he contraído con Él cuando lo he recia bido todo de Él.

Modelo de castidad

María ha sido contemplada siempre por los cristianos como un modelo acabado y perfecto de esta virtud. Cuando los cristianos proclamamos su virginidad perpetua, no lo hacemos porque consideremos un deshonor perder una membrana corporal cuando una madre da a luz a su primer hijo o cuando una esposa tiene relaciones con su marido. Para nosotros, la virginidad no es, como suelen decir algunos de nuestros ignorantes acusadores, un tabú medieval al que seguimos apegados. Si proclamamos a María siempre Virgen es, simplemente, porque lo fue. Es como cuando decimos que el agua es húmeda o que el fuego quema, que en verano hace calor y en invierno frío. Las cosas son como son, nos gusten o no, nos convengan o no. Y María mantuvo el privilegio de la virginidad durante toda su vida.

Otra cosa distinta es el porqué eso ocurrió, por qué Dios quiso que eso fuera así. La virginidad de María se convierte para nosotros, y no solo para los que vivimos en una época pansexualizada como esta, en un punto de referencia, en una llamada de atención. Continuamente los sociólogos nos aportan nuevos datos que hablan de promiscuidad, de iniciación cada vez más temprana en el sexo y, en los casos patológicos cada vez más frecuentes, de aberraciones de las que son víctimas los niños, o de un turismo muy floreciente que busca en países pobres las satisfacciones a bajo precio de las pasiones inconfesables que devoran a los que las practican.

María, siempre Virgen es modelo de castidad para todos y cada uno, aunque no lo sea de la misma manera. No es igual la castidad que debe practicar el casado que la que debe vivir el sacerdote y, sin embargo, en cada estado hay un tipo de castidad.

Una castidad, por cierto, que está íntimamente vinculada al amor. No se es casto solo pensando en uno mismo, sino que se es casto para amar al prójimo y para amar a Dios. El casado debe su castidad a su esposa o a su marido, rechazando, por ejemplo, las relaciones extramatrimoniales. El sacerdote ha de tener en cuenta que del cumplimiento de su voto no solo deriva el buen ejemplo y la ausencia de escándalos, sino también, la energía y la disponibilidad para el servicio a los fieles.

Se es casto no por rechazo al amor, sino para servir al amor, para amar más y mejor. De hecho, tanto en la vida matrimonial como en la vida sacerdotal o religiosa, cuando no existe la castidad propia de cada estado, no tardan en producirse lamentables consecuencias. Las afrentas a la pareja engañada, son una prueba de ello.

Modelo de pobreza

Si la castidad fue la virtud más admirada en María en otras épocas, hoy a muchos les gusta más subrayar la vida de pobrezas que llevó nuestra Madre. Hacen bien en destacarlo, porque verdaderamente lo fue, siempre que no se usen unas virtudes como arma arrojadiza contra otras.

María es la pobre de Nazaret, la pobre de Belén, la pobre de Jerusalén. Pero su pobreza procede de la generosidad, de la solidaridad, tal y como ocurrió con su divino Hijo. Él, siendo rico se hizo pobre, siendo Dios se despojó de su rango y tomó la categoría de esclavo para hacerse uno con todos, para ponerse al nivel del último, para que nadie pudiera sentirle un extraño.

La Iglesia, pues, no preconiza la pobreza por la pobreza, lo mismo que no hace un culto al dolor. La pobreza es mala, lo mismo que lo es el sufrimiento. Por es hay que luchar para que no haya pobres en el mundo y para consolar al que sufre. Si la pobreza fuera buena y el dolor fuera aconsejable, no deberíamos hacer obras de caridad ni tendríamos que socorrer al que llora, sino que deberíamos actuar al contrario.

La pobreza de María, como la de Cristo, procede del amor, de la generosidad. Veía a su alrededor a gente que tenía hambre y les daba de comer, aun a costa de arriesgar su propia subsistencia. Veía solitarios y les hacía compañía, empleando en ello el tiempo que hubiera necesitado para cuidar de sí misma.

Pero la pobreza de la Virgen tenía también otro matiz que quizá se entiende mejor con una palabra que la complementa: austeridad. Austeridad es lo contrario a consumismo. Una persona austera es una persona que no busca el lujo por el lujo, que no derrocha, que no se deja llevar por la pasión desenfrenada por las modas. Una persona austera saber gastar lo que hay que gastar, aunque a veces pueda ser mucho, pero sabe también ahorrar para disponer luego de algo que compartir. Se puede ser austero y vivir en un palacio, lo mismo que se puede vivir en una chavola y no ser pobre. Claro que, al decir esto, hay que añadir rápidamente otra cosa: la austeridad sin generosidad no tiene nada que ver con la pobreza de María, sino más bien con la avaricia.

Por último, la pobreza nos lleva también a saber arriesgar para luchar precisamente contra la pobreza. Y una forma de arriesgar es invertir, es trabajar para crear puestos de trabajo, es luchar para que haya unas leyes laborales y sociales dignas. No se puede separar la práctica de la pobreza de la lucha contra la pobreza, contra la injusticia, contra la explotación que sufren tantos y tantos millones de seres humanos en el mundo. Tampoco bastará con esa lucha para ser pobre, pues la experiencia nos muestra que con mucha frecuencia los teóricamente luchadores a favor de los derechos de los trabajadores llevan una vida que no tiene nada que ver con lo que predican. Habrá, pues, que intentar unir los objetivos por los que se trabaja con el testimonio personal. Y en eso, una vez más, la Virgen es un modelo inigualable.

Modelo de obediencia

Si la castidad estuvo de moda hace años y la pobreza lo está ahora, creo que la obediencia no lo ha estado nunca. Es posible que sea la virtud del futuro, pero, desde luego, no es la del presente. En una época en la que el culto a la libertad individual se ha convertido en una auténtica y fanática religión, en una época en la cual se ha hipertrofiado el concepto de derecho y ha desaparecido el de deber, hablar de obediencia es enormemente incorrecto, reaccionario, anticuado y casi pernicioso para la sociedad, según algunos.

Y, sin embargo, no solo los religiosos hacen un voto de obediencia, sino que en la práctica todos tenemos que aplicarla. Y si no que se lo pregunten a la inmensa mayoría de los que trabajan por cuenta ajena, en pequeñas o en grandes empresas.

La obediencia es una virtud esencial para la salud espiritual del ser humano. Es una virtud equilibradora, es decir, que no puede estar a solas, sino que debe ser completada por otras, a la vez que ella hace lo propio. Es en ese equilibrio donde se movió María y así se nos muestra como verdadero modelo de obediencia.

La Virgen no se comportó nunca como alguien que no tiene cabeza, que no es capaz de pensar por sí misma, que dice *amén* a lo que le pongan delante sin ejercer un juicio crítico sobre ello. Esa no es la obediencia que preconiza la Iglesia. María, cuando el ángel Gabriel le anunció que, si ella aceptaba, iba a ser la Madre del Mesías, no dijo enseguida que sí. Tampoco puso una objeción ni dudó del poder de Dios, como había hecho Zacarías, el marido de su prima Isabel, o como en su día hizo Sara, la mujer de Abraham. Sin embargo, entre la oferta del ángel y el sí de la Virgen, medió un acto de inteligencia, de raciocinio, por parte de Nuestra Señora. No fue para discutir, sino para aclarar un punto que era vital para ella: «¿Cómo va a ser eso, pues no conozco varón?». La Virgen pregunta por los medios, estando plenamente de acuerdo con los fines y estando también convencida de que «para Dios nada hay imposible».

Si a nosotros un superior legítimamente instituido nos ordenara llevar a cabo algo contra nuestra conciencia, contra los mandamientos, no podríamos alegar para justificarnos que le debíamos obediencia, pues la primera obediencia se la debemos a Dios y Él es quien ha grabado en nuestro corazón las leyes morales. Este es el límite de la obediencia y cualquier católico normal lo tiene bien claro.

Los problemas, en cambio, se suelen presentar no por esos casos teóricos de carácter extraordinario, sino por cosas más vulgares y frecuentes. Nos mandan algo que no nos gusta, que no entendemos, que no nos conviene y entonces rechazamos la orden dada, nos negamos a obedecer. No se trata de que nuestra conciencia esté quedando vulnerada, sino simplemente de que lo que se nos pide no forma parte de nuestros planes o está en contra de lo que opina la mayoría, aunque sepamos que la Iglesia tiene suficientes razones para pensar como piensa. Esa es la hora de la obediencia, y de la obediencia como virtud. Porque acatar una orden que nos beneficia o con la que estamos de acuerdo, es una obediencia en tono menor. La virtud se pone en juego precisamente cuando no existen los motivos humanos para llevarla a la práctica, como sucede cuando hay que estar al lado de un enfermo desagradable o cuando hay que ser fieles al esposo, a la esposa o a los votos pronunciados en situaciones límite.

María, que le dijo al ángel: «Aquí está la esclava del Señor, hágase en mí según tu palabra», es el modelo acabado y perfecto de obediencia. Primero había discernido y aclarado si aquella orden-petición podía ser aceptada por su conciencia y luego obedeció, le gustara o no, le supusiera problemas o le acarreara beneficios.

Modelo de humildad

No cabe duda de que, si hay una virtud típicamente mariana, junto con la castidad, esa es la humildad. La Virgen misma lo proclama así en el Magníficat: «El Señor ha mirado la humillación de su esclava». Y de ella se ha dicho que si Dios se fijó en María por su pureza, se encarnó en ella por su humildad.

La humildad, como la obediencia, no es una virtud que tenga mucho cartel en nuestros días. Ni se sabe casi en qué consiste y, con frecuencia, a los pocos que la practican se les ridiculiza como si fueran seres de segunda categoría. Es lógico que así sea, pues la nuestra es la sociedad de la ostentación y el consumismo, justo todo lo contrario a lo que significa la virtud de la humildad.

La humildad de María consistió, en primer lugar, en poner las cosas en su sitio en lo concerniente a la relación con Dios. Es decir, en saber que ella era la criatura y que Dios es el Creador, que ella era el pincel y que Dios es el artista. Humildad es, antes que nada, darle a Dios el honor y la gloria y saber que por muchas obras maravillosas que uno haga, todas ellas son fruto del poder y de la gracia de Dios. Es el Señor el que hace las obras grandes y no la persona. Es el Señor el que lleva a cabo los milagros y no el intermediario que ha suplicado que estos se realicen.

Una persona humilde, por lo tanto, no echa tierra sobre sus obras, no oculta la belleza y la bondad de lo que ha hecho, sino que lo atribuye a su verdadero autor. María no le dice a su prima Isabel, cuando llega a visitarla a Ain Karen, «Lo mío no tiene importancia, ser la Madre del Mesías es algo insignificante». Al contrario, dice abiertamente que se trata de una «obra grande», pero que no es ella quien la ha hecho sino que todo ha sido obra del Señor. El humilde se sitúa ante sus obras como ante las obras de los demás. Las contempla con un cierto desapego, como si fueran de otro, y así es capaz de elogiarlas, de ver sus aspectos positivos y también los negativos. Y luego atribuye esas obras a su verdadero autor: Dios.

En segundo lugar, la humildad de María se puso a prueba en los momentos en que no recibió el trato que merecía. Ella, al igual que su Hijo, podía haber reclamado un palacio en Belén y no una cueva; la veneración del pueblo israelita en Nazaret o en Jerusalén, en lugar del oprobio y los insultos, de la tortura de la Cruz. Su comportamiento en esas circunstancias se convierte en un modelo para nosotros cuando nos sentimos injustamente tratados, minusvalorados, postergados, humillados. Pensemos en ella, que no se quejó, que no pidió al cielo venganza, que se unió a la humillación de su Hijo para colaborar con Él en la redención del mundo. Eso no significa, por supuesto, que no debamos reivindicar y defender nuestros legítimos derechos, pero es que hay infinidad de ocasiones en que esa reivindicación está de mas o no es posible. Es la hora de la humillación, es la hora de compartir la Cruz de Cristo, es la hora de ser de alguna manera, como María, corredentores.

La tercera condición de la humildad de María consistió en aceptar los imprevistos de la vida. Pero eso está muy relacionado con la siguiente virtud que quiero comentar, la de la paciencia.

Modelo de paciencia

La paciencia de la Virgen fue puesta a prueba una y otra vez a lo largo de su vida. Y lo fue tanto por parte de Dios como por parte de los hombres. María fue paciente cuando el Señor le hizo estar, junto a su Hijo, esperando durante treinta años a que llegase el momento de la manifestación pública de la misión de Jesús. Claro que esa fue una dulce espera, no tan dulce como la que llevó a cabo mientras aguardaba en la soledad de Nazaret las noticias que le enviaba su Hijo los tres años de su vida pública, o durante los tres días en que esperó la resurrección de Jesús. Fue paciente mientras aguardó a que llegase la hora de ascender al Cielo para reunirse definitivamente con el Hijo querido, que le había precedido en la Ascensión unos años antes.

Fuimos los hombres, sin embargo, los que más duramente pusimos a prueba la paciencia de María. Una paciencia que se ejercitó ante la primera reacción de San José al saber que ella estaba embarazada, al llegar a Belén y encontrar que no tenían sitio en la posada, al tener que huir a Egipto para evitar ser víctimas de Herodes, al soportar las dudas de sus vecinos de Nazaret e incluso de algunos familiares sobre la misión de su Hijo, al recibir las humillaciones que también sobre ella recayeron como madre de un condenado a muerte, al seguir amándonos a nosotros a pesar de nuestras reiteradas infidelidades.

La paciencia de la Virgen es no solo admirable sino imitable, pues si la tuviéramos seríamos capaces de estar tranquilos cuando un plan fracasa, cuando las cosas no salen como habíamos previsto, cuando el prójimo se convierte en motivo de incomodidad e incluso de sufrimiento.

La paciencia, tan relacionada con la humildad y con la esperanza, nos ayudaría a saber que el tiempo es necesario y que Dios ha querido realizar sus planes en la historia y no fuera de ella. Hay que darle tiempo a la gente para que madure, para que cambie, para que se dé cuenta de las cosas. Quizá ese tiempo no pueda ser eterno, pero tampoco debe ser instantáneo, sobre todo porque si así se hubieran comportado con nosotros probablemente Dios y los hombres nos habrían rechazado hace mucho. La paciencia, en definitiva, tiene como precioso fruto, favorecer la convivencia y posibilitar la paz.

La paciencia nos haría capaces de practicar el hermoso poema de Santa Teresa: «Nada te turbe, nada te espante, todo se pasa, Dios no se muda, la paciencia todo lo alcanza, quien a Dios tiene nada le falta. Solo Dios basta».

Modelo de misericordia

La misericordia de María fue uno de los aspectos de su caridad, uno de los que más resaltan y de los que nosotros nos beneficiamos más intensamente. Esta virtud está intimamente relacionada con el perdón, aunque es más amplia que él. María tuvo misericordia de aquella pareja de Caná que se había quedado sin vino en una fecha tan señalada como era la de su boda. Por eso, por misericordia, se complicó la vida y fue en busca de su Hijo, sabiendo que quizá el incomodaba un poco, para pedirle que hiciera un milagro. María tuvo misericordia de los apóstoles y, a pesar de que estos habían pecado negando y dudando de su Hijo, no les abandonó y estuvo a su lado cuando llegó la hora maravillosa de Pentecostés.

Pero, sin duda, la misericordia de la Virgen se ejerce sobre todo con nosotros, los pecadores. Ella es el plano inclinado que nos hace más fácil subir hacia Dios y que contribuye a que desciendan sobre nosotros las gracias divinas. Ella es la que acoge las súplicas, las lágrimas, las angustias de tantos hombres y mujeres, para llevárselas a su Hijo e interceder por ellos. De sobra sabe que no nos merecemos los dones que le pedimos, pero es nuestra Madre y, como en el caso de Dios, su amor por nosotros no depende de nuestros méritos sino de su maternidad.

María, la misericordiosa, es la que todo lo cree, todo lo espera, todo lo tolera. Es la que nos perdona sin límites, aguarda sin límites, confía sin límites.

Imitar a la Virgen, tan llena de gracia como de misericordia, nos debe llevar a ser capaces de darle al otro nuevas oportunidades, por más que en eso el sentido común y la experiencia también tengan algo que decir. Nos debe llevar a hacer el bien a quien nos ha hecho el mal, pues también nosotros necesitamos de Dios que perdone nuestros pecados y que nos ayude aunque no lo merezcamos. La misericordia ha de hacernos compasivos con el que sufre, como si fuera uno de los nuestros por más que sea un desconocido. Una persona clemente es alguien que intenta encontrar excusas, que se compadece, que da al otro la caridad que él mismo ha pedido en otras ocasiones.

Modelo de alegría

Alguno podrá objetar que la alegría no es una virtud, o que al menos no lo es al nivel que la paciencia o la templanza. Y, sin embargo, un santo triste es en verdad un triste santo. La alegría es una virtud humana que debería ser también incluida dentro de las virtudes espirituales, morales, divinas. Y debería serlo para que así los cristianos se la tomaran más en serio y la intentaran ejercitar más y mejor.

No se trata, naturalmente, de una actitud externa, ruidosa, ostentosa. La alegría de que hablo es interior y se manifiesta más por la sonrisa que por la risa, por la paz que por el ruido. Es alegre aquel que está contento con lo que tiene, por más que lo que tiene sea verdaderamente poco y esté luchando para tener, legítimamente, más. Es alegre aquel que, incluso en las cruces de la vida, sabe que estas tienen un sentido y las acepta para ofrecérselas al Señor y colaborar con Él en la redención del mundo.

María fue, sin duda, una mujer llena de profunda alegría. De una alegría que nacía de la esperanza y de la certeza de que las promesas de Dios iban a cumplirse, a su tiempo. Disfrutó intensamente de la vida, pero no haciendo un culto al disfrute por el disfrute, como si gozar fuera el único objetivo de su vida. Su dicha procedía de la aceptación de lo que Dios le daba, mientras se lo daba. Cuando, en Belén, no tenía un sitio decente donde estar, en lugar de ver lo que le faltaba concentró su mirada sobre lo que tenía: un esposo que la amaba —San José— y un bebé que era el más hermoso de los hijos de los hombres. Otra, quizá, hubiera puesto ante el tribunal de Dios más de una queja, ella se fijó en el líquido que tenía la botella y gozó con ello, en lugar de mirar el líquido que faltaba y amargarse.

Y así hizo el resto de su vida. Supo sacar partido a lo que tenía, tanto cuando estaba con su Hijo en Nazaret como cuando solo poseía el tesoro de sus recuerdos o la presencia divina de Jesús en la Eucaristía. En definitiva, el secreto de la alegría de la Virgen consistió en que siempre tuvo lo esencial, en que nunca le faltó Dios. Con Él, tenía lo más importante. Sin Él, por mucho que hubiera poseído, no habría tenido nada.

La imitación de Ella en esta virtud no es una invitación al optimismo, ni siquiera a tener una mera actitud positiva ante la vida. Es una invitación a experimentar que solo Dios es capaz de hacernos felices y que, con Él, podemos saborear los dones que Él nos ha dado, concentrando en ellos nuestra mirada en lugar de estar siempre fijándonos en lo que podríamos tener o haber tenido, en lo que tuvimos y perdimos.

Modelo de oración

Tampoco la oración es una virtud y, sin embargo, no es un mero acto o un tiempo dedicado a estar con Dios. El verdadero orante no es el que hace media o una hora de oración, sino el que vive en una continua unión con Dios, aunque ello sea imposible si no hay un tiempo diario dedicado a estar a solas con el Señor.

Vivimos marcados por el activismo. Lo sabemos, lo padecemos, lo rechazamos teóricamente y a pesar de ellos nos resulta enormemente difícil desprendernos de él. Para hacerle frente, para vencerlo, la imitación de la Virgen puede resultarnos de gran ayuda.

María, como modelo de oración, dedicaba, no me cabe duda, un tiempo cotidiano a rezar, a leer los salmos quizá, a meditar sobre la Palabra de Dios, a estar en contemplación de las misericordias divinas. Cuando, después de Pentecostés, recibió la iluminación del Espíritu Santo y pudo saber en plenitud lo que era la Eucaristía, estoy convencido de que no se separó del humilde tabernáculo en el que los primeros cristianos guardaban las especies eucarísticas consagradas y que no faltó a la cita con su Hijo en aquellas emocionantes Misas o «fracciones del pan» que los apóstoles celebraban por primera vez.

Pero, además, nuestra Madre vivía durante toda la jornada en unión con Dios. Cada vez que hacía algo fácil o difícil, el «por ti, Señor» aparecía continuamente en sus labios porque antes había brotado de su corazón. Cada vez que le tocaba sufrir, su mirada se dirigía a la Cruz de su Hijo y le decía «contigo», «estoy dispuesta a estar así, toda la vida incluso, con tal de estar contigo». María estaba permanentemente «en Dios» porque hacía las cosas «por Dios» y porque llevaba las cruces «con Dios».

Creo que cuando nuestra Madre, en tantas y tantas apariciones antiguas y recientes, insta a los cristianos a la oración y a la conversión, nos está invitando a ser como ella, una mujer orante, una mujer hecha oración, alguien que supo estar todo el día alabando a su Señor, dándole gracias, luchando y trabajando por Él, haciéndolo todo por Él y con Él, pues solo así pudo estar, de verdad y en plenitud, «en Él».

«Por Cristo, con Él y en Él, a ti Dios Padre Omnipotente, en la unidad del Espíritu Santo, todo honor y toda gloria, por los siglos de los siglos». Con esta oración, como he dicho ya, termina el sacerdote el canon de la Misa. Es un resumen de lo que debería ser la vida cristiana, de lo que debería hacer cada cristiano. Cada uno de nosotros está llamado a hacer las cosas por Cristo, a hacerlas con Cristo y a vivir –en la medida de lo posible aquí y en su plenitud cuando nos llegue la hora de ir al cielo— en Cristo. Así le daremos a la Santísima Trinidad el honor y la gloria a que tienen derecho. Pero, como también he escrito, todo eso podemos hacerlo «como María». No encontraremos un modelo a imitar más completo, más acabado, más perfecto, exceptuando el mismo Hijo de Dios, que Ella. No podremos amar tanto a Jesús como le amó Ella y por eso no encontraremos un camino de perfección, de santidad, de amor, mejor que el que Ella es y representa.

«Por Cristo, con Él, y en Él», sí y siempre, por los siglos de los siglos. Y también, sí y siempre, «como María».

Otros títulos del autor

P. Santiago Martín, FM
El Evangelio secreto
de la Virgen María
Obras completas I
edaf

P. Santiago Martín, FM
Para qué sirve la Fe
Obras completas II
edaf

P. Santiago Martín, FM
La oscuridad luminosa
Obras completas III
edaf

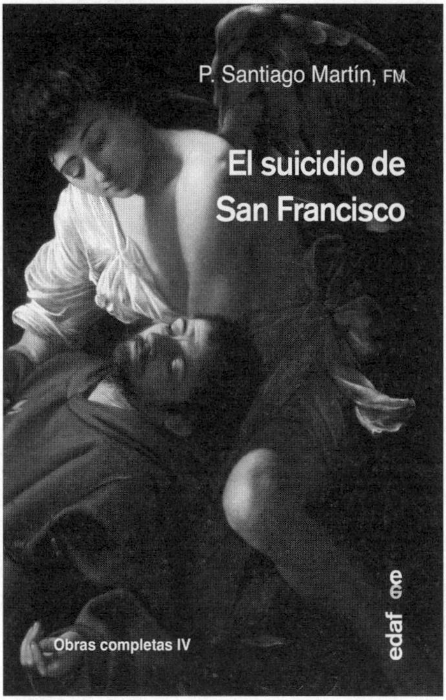
P. Santiago Martín, FM
El suicidio de
San Francisco
Obras completas IV
edaf